Success15 fifteen 2

サクセス15
February 2013

http://success.waseda-ac.net/

JN067381

CONTENTS

2012年度 高校入試 合格実績

12年連続 全国No.1 **早慶附属高（2次）1494名合格！** 7校定員 約1720名

5年連続 全国No.1 **開成高 88名合格！** 東大合格者数最多 定員100名

4年連続 全国No.1 **慶應女子高 78名合格！** 女子私立最難関 定員100名

全国No.1 **筑駒高 20名合格！** 首都圏最難関 定員約40名

都立最難関 **都立日比谷高 67名合格！**

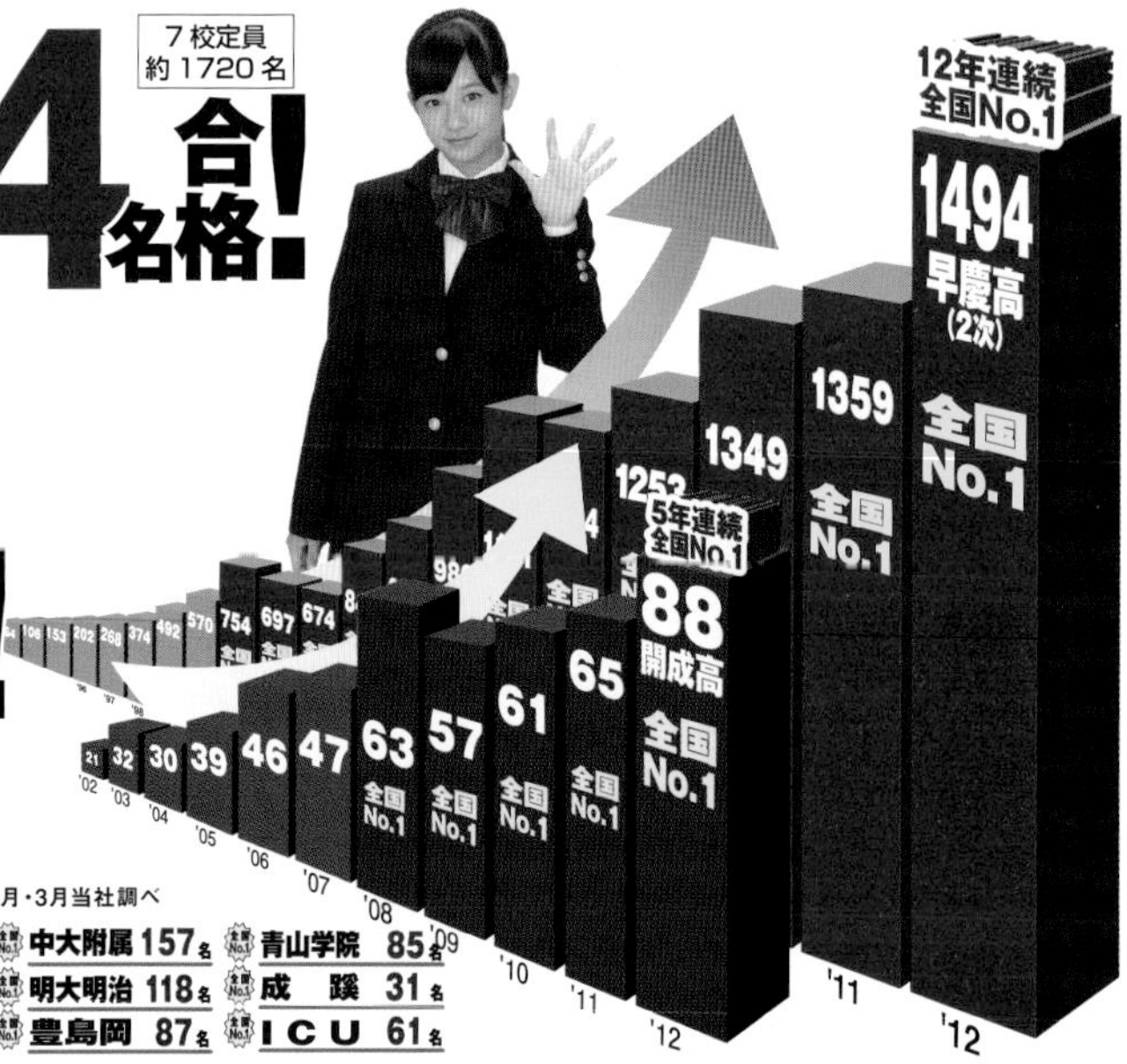

※No.1表記は2012年2月・3月当社調べ

全国No.1 中大杉並 182名	全国No.1 中大附属 157名	全国No.1 青山学院 85名
全国No.1 立教新座 337名	全国No.1 明大明治 118名	全国No.1 成 蹊 31名
全国No.1 渋谷幕張 109名	全国No.1 豊島岡 87名	全国No.1 ICU 61名

2013 高校入試報告会 無料 要予約 2/4(月) 受付開始

※座席には限りがございます。2/4(月)以降、お早めにお申し込みください

地域別高校入試報告会（神奈川）
横 浜
3/14(木) 横浜国際ホテル 10:00～11:30

地域別高校入試報告会（東京）
神 保 町
3/15(金) 日本教育会館 10:00～11:30

地域別高校入試報告会（埼玉）
南 浦 和
3/21(木) さいたま市文化センター 10:00～11:30

地域別高校入試報告会（千葉）
船 橋
3/22(金) クロス・ウェーブ船橋 10:00～11:30

地域別高校入試報告会（東京）
武 蔵 小 金 井
3/25(月) 小金井市民交流センター 10:00～11:30

※9：50～10：00に入試当日の様子をまとめた映像を上映いたします。

※地域別高校入試報告会は、会場により一部内容が異なります。

※9：30開場（全日程共通）

新中2 新中3

開成・国立附属・早慶附属高合格へ向けて今からスタート!!

難関チャレンジ公開模試 3/20(祝)

難関校合格へ向けて早稲アカで力試し!
詳しい成績帳票で今の実力がわかる!!

●費用…4,000円 ●対象…新中2・新中3生 ●集合時間…8:20

試験時間 3科・5科選択

マスター記入	8:30～ 8:45	数 学	10:45～11:35
国 語	8:45～ 9:35	社 会	11:50～12:20
英 語	9:45～10:35	理 科	12:30～13:00

新規開校 新小3～新中3 新入塾生受付中！

入塾説明会 お電話にてご予約ください。

1/26(土) 10：30～

●入学案内・パンフレットの他にオリジナル教材等も配付致します。
●中高受験の概要についてもお話し致します。これから受験を迎えられるご家庭の保護者の皆様にとっては、まさに情報満載の説明会です。お気軽にご参加ください。

早稲田アカデミー
湘南台校 ☎0466(43)6501(代)
戸田公園校 ☎048(447)0811(代)

最寄りの早稲田アカデミー各校舎または本部教務部 03(5954)1731まで。

早稲田アカデミー 検索 http://www.waseda-ac.co.jp

早稲アカ紹介DVDお送りします

早稲田アカデミーイメージキャラクター
伊藤 萌々香（Fairies）

新学期生受付中

「本気でやる子を育てる」… 早稲田アカデミーの教育理念は不変です。

本当に「本気」になるなんて長い人生の中でそう何度もあることではありません。 受験が終わってから「僕は本気で勉強しなかった」などと言い訳することに何の意味があるのでしょう。どうせやるんだったら、どうせ受験が避けて通れないのだったら思いっきり本気でぶつかって、自分でも信じられないくらいの結果を出して、周りの人と一緒に感動できるような受験をした方が、はるかにすばらしいことだと早稲田アカデミーは考えます。早稲田アカデミーは「本気でやる子」を育て、受験の感動を一緒に体験することにやりがいを持っています！

入塾説明会

1/27（日） 10：30～
2/16（土） 10：30～

※ 校舎により日時が異なる場合がございます。

最新の受験資料を無料で配付

●入学案内・パンフレットの他にオリジナル教材等も配付致します。
●中高受験の概要についてもお話し致します。これから受験を迎えられるご家庭の保護者の皆様にとっては、まさに情報満載の説明会です。お気軽にご参加ください。

入塾テスト　無料

毎週土曜・日曜（2/17・24除く）
土曜 14：00～　日曜 10：30～

●小学生／算・国 ※新小5S・新小6Sは理社も実施　●中学生／英・数・国

希望者には個別カウンセリングを実施

新中1～新中3　無料体験授業　受付中!

早稲アカの授業を体感しよう!!

●どなたでもご参加頂けます。
●詳細は早稲田アカデミー各校舎まで。

入塾された方 全員にプレゼント

早稲田アカデミーオリジナルペンケース（青またはピンク）＆ペンセット

一流中学 高校受験

早稲田アカデミー

お申し込み、お問い合わせは

中1準備講座実施要項

日程
- 第1ターム…2/7(木)、12(火)、14(木)、19(火)、21(木)、26(火)
- 第2ターム…2/28(木)、3/5(火)、7(木)、12(火)、14(木)、19(火)

※校舎により授業実施日・時間帯等が異なる場合があります。
※詳しくは最寄りの早稲田アカデミー各校にお問い合わせください。

時間
- 東京・神奈川→ 17：00～18：40
- 多摩・埼玉・千葉・高島平校・つくば校→ 17：10～18：50

費用 各ターム：(2科) 9,000円
(単科) 5,000円

中1準備講座の**授業料**が**半額**に※!!
※1月まで小6基本コースに在籍し、中1準備講座のお申し込みと同時あるいは、事前に4月以降の中1基本コースのお申し込みをされた方対象。

中1準備講座カリキュラム

英語 必ず英語が好きになる充実した授業

スタートはみんな同じです。でもなぜ英語が苦手になってしまう人がいるのでしょう？　それは英語に興味が持てず、中1のときにつまずいてしまうからです。早稲田アカデミーでは、「楽しい英語、好きになる英語」をテーマに、中学校で役に立つ勉強とともに、クイズやパズルなども取り入れた学習をします。

初級：第1ターム → 第2ターム
中級：第1ターム → 第2ターム

	カリキュラム	この回の目標
1	**英語の世界へようこそ** ABCとabcをマスターしよう	4線を使ってアルファベットの大文字・小文字を一通り正しく書くことができる。
2	**身の回りの英語** これはtable?、それともdesk?	アルファベットの大文字・小文字を順番に書け、発音することができる。平易な単語を書くことができる。
3	**英語で言ってみよう** 犬はdog、ネコはcatって言うんだ	日本語の意味を見て英単語を書くことができる。また、英単語を見て日本語に直すことができる。
4	**英語で文を作ろう** ぼくのもの・あなたのもの	This is my book.といったThis/Thatを使って一つの文を書くことができる。冠詞・所有格を使うことができる。
5	**英語で質問しよう①** これは何だろう?	This/That の文の否定文・疑問文を作ることができる。疑問詞Whatを使った文で質問できる。
6	**英会話をしてみよう** 自己紹介しよう	I am~. / You are~.の肯定文や否定文、疑問文を使って自己紹介をすることができる。名前をローマ字で書ける。
7	**英語で自己紹介しよう** 私は英語が大好き	be動詞の文との違いを理解し、likeやplayなど一般動詞を使った肯定文や否定文を作ることができる。
8	**英語で質問しよう②** リンゴとオレンジ、どっちが好き?	一般動詞の否定文・疑問文を作ることができる。be動詞の文と一般動詞の文の問題が混在していても対応できる。
9	**英語で友達を紹介しよう** 彼女は私の親友です	He is~. / She is~.の肯定文や否定文、疑問文を使って友達を紹介できる。疑問詞Whoを使って質問できる。
10	**英語で数えてみよう** ケーキはいくつある?	名詞・代名詞の複数形を使って文を作ることができる。How many~?を使って質問し、答えることができる。
11	**総合問題**	単語と発音・be動詞の文・一般動詞の文
12	**発展問題**	主語が3人称単数の一般動詞の文の肯定文・否定文・疑問文を作ることができる。

数学 算数から数学への橋渡し!

中1で最初に習う『正負の数』から『方程式』までを学習します。中でも正負の数・文字式は、中1の1学期の中間・期末テストの試験範囲でもあります。小学校の算数の復習をしながら基礎力を大幅アップ!　算数嫌いの人も数学がきっと好きになります。中学受験をした人は上級カリキュラムで中1夏までの内容を先取りします。

初級：第1ターム → 第2ターム
中級：第1ターム → 第2ターム
上級：第1ターム → 第2ターム

	カリキュラム	内容
1	小学校の復習①	数と計算・図形・文章題
2	小学校の復習②	平均・速さ・割合・比と比例
3	小学校の復習③	平面図形と面積・立体図形と体積
4	正負の数①	数の大小・正負の数の加法と減法 加減の混じった計算
5	正負の数②	正負の数の乗法・正負の数の除法 累乗と指数・四則の混じった計算
6	文字と式①	積と商の表し方・1次式の加減乗除 式の値
7	文字と式②	数と式・数量の表し方 文字式の利用
8	方程式の解き方①	等式と方程式 等式の性質
9	方程式の解き方②	一次方程式 移項と方程式の解法
10	総合問題	正負の数・文字と式・方程式

中1コース開講までの流れ

冬休み …… 1月 …… 2月 …… 3月 …… 4月

小6総まとめ講座（小学校内容のまとめ講座実施） → **中1準備講座** → **新中1学力診断テスト 保護者対象ガイダンス** → **中1コース開講**

先を見据えた習熟度別クラス

レベル別のカリキュラムだからしっかり先取りできる!

早稲田アカデミーの中1準備講座は習熟度別のクラス編成になっています。だから、自分のペースにあった環境でしっかりと理解し、先取り学習をすることができます。さらに、その先の難関高校合格や難関大学合格につながる学習環境を用意しています。中1準備講座で最高のスタートを切ろう!

英語
- 初級 ▶ 英語の勉強が初めての方。塾に通うのが初めての方。
- 中級 ▶ Kコースなどで英語の学習経験がある方。

数学
- 初級 ▶ 数学の勉強が初めての方。塾に通うのが初めての方。
- 中級 ▶ Kコースなどで数学の学習経験がある方。
- 上級 ▶ 中学受験をされた方。

中1 新しい環境でスタートダッシュ。「本気でやる」習慣をつけます。

一人ひとりに講師の目が行き届く人数で授業を行うのが早稲田アカデミーです。中1ではまず学習習慣を身につけることが大切。一人ひとりに適切な指導をし、「本気でやる」姿勢を植えつけます。難関校受験へ向けて確かな学力を養成していきます。

Sコース	選抜コース 英数国3科	英語 数学 国語	**火曜・木曜・土曜** 東京・神奈川 19:00～20:30 千葉 19:10～20:40 多摩・埼玉・茨城 19:15～20:45	授業料 17,500円
Rコース	レギュラーコース 英数国3科	英語 数学 国語		授業料 17,500円
理社コース	選抜コース レギュラーコース	理科 社会	**木曜・土曜** 東京・神奈川 20:40～21:30 千葉 20:50～21:40 多摩・埼玉・茨城 20:55～21:45	授業料 7,500円

※一部の校舎では時間帯等が異なります。

※ 難関中高受験専門塾ExiVでは上記と実施日・時間帯等が異なる場合があります。詳しくはお問い合わせください。

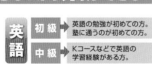

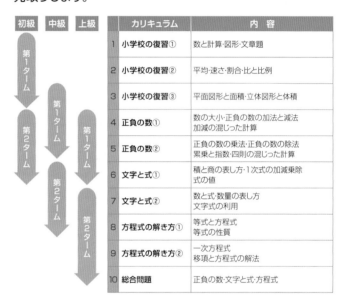

中学入学前 スタートダッシュ！ライバル達に、差をつけろ!!

現 小6 対象

中1準備講座

2月・3月実施　中学内容先取り講座

早稲アカなら 偏差値40～50台の生徒が難関校に合格できる!!

早稲田アカデミー
イメージキャラクター
伊藤 萌々香
（Fairies）

偏差値70以上が必要とされる

開成　国立附属　早慶高　に

進学した生徒の中1当時の偏差値は
4割以上が40台～50台でした。

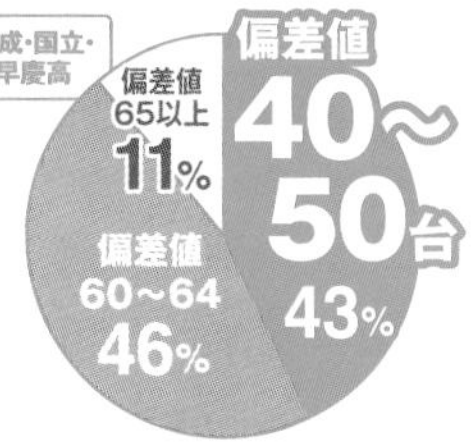

中1・5月までに入塾し、2012年入試で開成・国立附属・早慶附属高に進学した生徒の中1の時の偏差値分布

偏差値65以上が必要とされる（開成・国立・早慶高を除く）

難関私立　都県立難関校　に

進学した生徒の中1当時の偏差値は
77%が40台～50台でした。

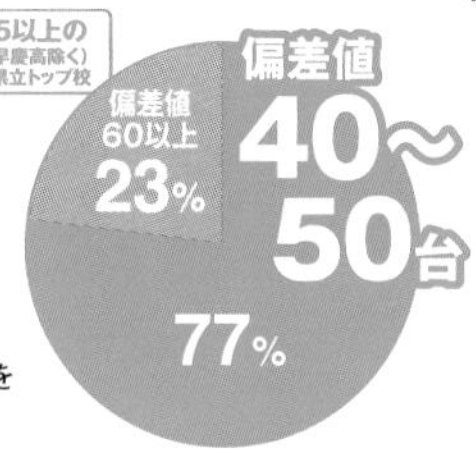

中1・5月までに入塾し、2012年入試で開成・国立附属・早慶附属高を除く偏差値65以上の難関校に進学した生徒の中1の時の偏差値分布

現小6対象 新中1学力診断テスト 無料

中学校へ入学する前に実力と弱点を把握しよう！

算数（数学）・国語・英語・理科・社会の定着度を総合的に診断します。

- 到達診断テストⅠ（算数・数学）　40分
- 到達診断テストⅡ（国語・英語）　40分
- 到達診断テストⅢ（理科・社会）　40分
- 新中1オリエンテーション　20分

3/20 祝

会場　早稲田アカデミー各校舎（WAC除く）
時間　10：00～12：40

詳しい成績帳票で個別の学習カウンセリングを実施。成績優秀者にはプレゼントも！

※お申し込み・お問い合わせは、お近くの早稲田アカデミー各校舎までお気軽にどうぞ。

保護者対象 同時開催 新 中1ガイダンス 無料

情報満載！早稲アカが教えます。

- 中1学習の秘訣
- 普通の子が伸びるシステム
- 部活と塾の両立のカギ
- 地域の中学校事情や入試制度

3/20 祝

※ガイダンスのみの参加も可能です。
※お申し込みはお近くの早稲田アカデミーまでお気軽にどうぞ。

早稲田アカデミー

お申し込み・お問い合わせは
最寄りの早稲田アカデミー各校舎または
本部教務部　03-5954-1731 まで

これで安心

受験直前マニュアル

受験票を忘れちゃったら？

朝型って何時に起きればいいの？

問題を解く順番は？

不安を取り除く方法は？

どういう勉強をすればいい？

休み時間はどう過ごす？

受験まで残りの日にちも少なくなってきました。だれもが初めての高校受験、直前のこの時期をどう過ごしていいかわからないという人も多いはず。そんな人のために、健康管理、勉強、不安解消、当日の過ごし方、トラブル対処法をまとめました。これだけ知っていればもう恐いものはありません。あとは本番で自分の実力を思いっきり出してください。

健康管理

どんなに頑張って勉強しても、入試当日に体調が悪かったら実力を発揮できません。直前期には、体調管理はとくに注意しましょう。

睡眠はしっかりとること 夜型の人は徐々に朝型へ

万全の状態で入試に臨むために、いまの時期は体調管理に気を配ることが大切です。寝る時間を削って夜遅くまで勉強したい気持ちはわかりますが、この時期にはやめるべきです。寝不足の日々が続けば体調を崩してしまうかもしれません。睡眠をしっかり取って頭と身体を休めましょう。

夜更かしして勉強する習慣がつき、夜型の生活になっている人は、徐々に朝型にしていきます。入試は午前中にスタートしますので、夜型のままでは睡眠時間が足りず、頭がぼーっとした状態で試験を受けることになり、実力を発揮できない可能性があるのです。

「入試の日だけ早起きすればいいんじゃない？」と思うかもしれませんが、普段夜更かしに慣れていると、その日だけ早寝・早起きにするのはなかなか難しいもの。これまで長い間頑張ってきた努力を活かすためにも、朝型に変えていきましょう。

生活リズムを切り替えるのは想像するよりも大変です。遅くとも入試の2～3週間前から、少しずつ朝型の生活に向けて身体を慣らしてゆくといいでしょう。

では、試験当日は何時に起きるのが理想的なのでしょうか。脳がしっかりと働き出すまでには、起床から2～3時間かかります。つまり、最低でも試験開始2～3時間前には起きておく必要があるといえます。そのことを頭に入れて、就寝時間と起床時間を決めてください。

食事で気をつけたいこと

前述したように、いまは規則正しい生活に切り替える時期。起床・就寝時間だけではなく、食事にも気を付けましょう。といっても、受験生だからといって普段と違う特別な食事をする必要はありません。大切なのは、毎日3食栄養バランスのいい食事をしっかり食べること。間違っても、勉強時間を増やしたいからといって、サプリメントや栄養食品などで簡単に食事をすませてしまうようなことはないように。

また、試験前日に揚げものなど脂っこいものを食べることは、胃もたれの原因にもなりやすいのでおすすめできません。「勝つ」と「カツ」をかけてトンカツを食べるご家庭もあるかもしれませんが、量を少なめにするなど配慮しましょう。

風邪対策はしっかり！

受験シーズンは風邪をひきやすい時期でもあります。インフルエンザやノロウイルスも流行する季節ですので、受験生はこうした病気の予防にも力を入れてください。

外から帰ってきたら手洗いうがいを必ずすること。手洗いは石けんを使って指の間までしっかりと洗います。

外出の際にはマスクをすることも有効ですので、習慣化させてください。身体を冷やさないように温かい服装を心がけ、手袋やマフラーをするのも忘れずに。部屋の空気が乾燥しすぎないように、加湿器などで調整するのもいいでしょう。最後まで気を抜かずしっかりと体調管理をしていきましょう。

勉強法

入試直前のこの時期、どのように勉強すればいいか悩んでいる人はいませんか。ここでは「国語」「数学」「英語」の3教科についての学習方法を紹介します。

国語 Japanese

国語は一朝一夕で成績が伸びる教科ではありません。だからといって諦めるのではなく、問題演習は続けることが大切です。

まだ苦手意識を持っている人がいるかもしれません。それでも、これまでやってきた地道な努力は着実に実力となっています。「苦手」だと思うことで余計に苦手を意識することもよくありますので、これまでやってきたことを信じましょう。苦手意識を持ったままだと、問題を見た瞬間に焦ってしまうことがあるので、自信を持って臨んでください。

すぐに成績が伸びるのが難しい国語においても、得点につながりやすいものがあります。それは、「漢字」や「知識」を問う問題です。学校によって問題数や配点は異なりますが、これは、知っているだけで得点になります。逆に、記述式の解答での漢字のミスは減点の対象にもなってしまいます。これらを確実にすることで得点はあがります。

志望校の入試問題を知っておくことはとても大切です。古文の問題の有無や、現代文は小説なのか論説文なのか、そうした情報を知っておくことで、本番で慌てることはなくなります。

また、作文形式の問題が出題される学校を受験する場合は、その対策として、文章を書く練習をしておきましょう。そして、その文章は恥ずかしがらずに、必ずだれかに添削してもらうようにします。

作文の問題は自分で点数がつけづらいものです。作文に限らず記述式の問題を自分で添削した場合も、どうしても甘く採点してしまいがちです。そうするとミスや間違いに気づけないことも多いので、塾や学校の先生の厳しい目で見てもらうようにしましょう。そうすることで正確に答えられるようになっていきます。

国語の読解問題では、正解へのプロセスを確認することが重要です。「なんとなく」答えるのではなく、正解でも不正解でも、なぜその答えになるのか、解説をしっかり読んで理解することで、正解への道筋がわかってきます。

最後に、時間配分を考えることは重要です。とくに文章題では注意が必要です。文章をすべて読み終えてから、設問を読み、また確認のために本文を読み直していては大幅な時間のロスになります。まず、設問にざっと目を通してから本文を読み、設問に関係しそうな部分にさしかかったらチェックするようにしましょう。

数学 Mathematics

この時期は、新しい問題集をやるよりは、いまある問題集でこれまで通りのペースで勉強しましょう。

基本的には志望校の過去問から勉強していきます。出題形式を理解し、問題を取捨選択して合格点を確保していく訓練をしておきましょう。

1つの問題にはまってしまって時間がなくなってしまうようなことがないよう、ときには「捨てる」という判断も必要です。これはとても勇気がいることですが、受験においては大切なことです。

志望校の過去問をすでに5年以上解いてしまったという場合には、似たような出題形式の学校や、同じ出題傾向の学校の過去問をやるといいでしょう。どの学校の問題がよいかは、塾の先生に聞けば教えてくれるはずです。

志望校対策は、出題傾向の把握はもちろんですが、解答形式も確認しておきます。

具体的には、解答のみを書けばいいのか、途中式まで要求されるのかどうか、ということです。どちらの形式にしても、答えが出るまでの途中式をしっかり書くことで、ミスを減らすことができます。途中式まで求められる場合は、限られたスペースのなかでまとめる力も必要とされるので、そうした訓練もしっかりしておきます。

多くの学校が大問5題で50分の試験です。つまり、大問1問あたり10分で答える必要があります。

しかし、これだと見直しの時間が取れません。実際には7～8分で解く必要があるので、問題を解くスピードは必ず意識してください。

試験開始後すぐに大問1から解き始めるのではなく、まずすべての問題に目を通し、「解いたことのある問題」「解けそうな問題」かをチェックし、その問題から優先的に解き進めます。そうすることで、確実に点数を稼ぐことができ、1つの問題に時間を取られてしまうことへの予防にもなります。

また、残り時間が10分を切ってから、新しい問題に取りかかるのか、問題を見直すのかの判断も必要です。できそうな問題であれば取りかかってもよいですが、1問の出来不出来で合否が分かれる入試においては、見直しの時間を十分に取ることが大切です。見直しをすることでささいなミスをなくし、正答率をあげる方が得策なのです。

英語 English

直前の時期になって文法を詳しく勉強しようとしても簡単に身につくものではありません。それよりも、単元ごとの代表的な表現を覚えているかチェックしていきましょう。一度は必ず見ているものがほとんどだと思います。繰り返してやることでしっかりと知識を定着させていきましょう。

この時期でも点数アップに直結するものは暗記ものの英単語です。焦ってたくさん覚えようとせず、これまで通りのペースを保ちながら精度をあげて覚えていきましょう。

試験が近づいてきたら、過去問を使って、これまで覚えていたことを答案用紙に反映させる勉強に切り替えていきます。なんとなく覚えているつもりでも、実際の試験では、条件の見落としや、スペルミスなどさまざまなことが考えられます。つねに入試本番を意識して取り組むことで、ケアレスミスなども減らしていきましょう。

過去問を解くことで、リスニングの有無や英作文の有無など、さまざまな状況の対策ができるようになります。また、文法問題でも穴埋め問題なのか、整序問題なのか、それとも選択問題なのかという形式的な違い、長文問題も物語文なのか、エッセイなのか、そうした内容的な違いも把握しておけば、落ち着いて対応することができます。志望校の過去問題を反復練習することで、出題の特徴が把握でき、十分な対策が取れるはずです。

英語では、長文が苦手という人がたくさんいます。長文で注意することは時間配分です。1つの問題にどのくらい時間をかけてよいか、過去問を解くことで把握していきます。

長文には知らない単語も出てきますが、それをすべて知っている必要はありません。わからない単語が出てくると、すぐに解けないと思いこんでしまいがちですが、長文は大意がつかめれば解けるので、わからない単語が出てきても焦らないようにしましょう。

不安解消

たくさん勉強しても、やはり入試となると不安になってしまうもの。不安に向き合い自分の実力をいかんなく発揮できるよう頑張りましょう。

たまのご褒美はメリハリをつけて

ずっと勉強ばかりで根を詰めすぎていませんか？　どれだけ勉強が好きな人でも、受験勉強となるとやはりストレスがたまってくるものです。いまは時間の多くを勉強に割かなければいけませんが、集中力がなくなった状態でダラダラと勉強を続けていてもあまり効果はありません。そんなときは、頑張っている自分に気分転換のご褒美をあげてもいいでしょう。

ただし、気分転換は必ず時間を決めてから行いましょう。軽い運動をしたり、自分が好きな音楽を聞くのもいいでしょう。気をつけたいのは、家のなかには誘惑がたくさんあるということです。本や漫画、テレビ、インターネットなどは止まらなくなる可能性があり、予想以上に時間を取られてしまうことがあるので、気分転換には向いていません。

気分転換が終わったら、切り替えて勉強に戻る。そうして生活にメリハリをつけることで学習効果も高くなります。

志望校での高校生活をイメージする

1人でずっと勉強を続けていると、どうしても学習意欲が下がってきてしまうときがあります。

そんなときは、志望校に合格して、新しい高校生活をスタートさせている自分を想像してみてください。ワクワクしてきませんか？　すぐに浮かんでこなければ、もっと具体的にイメージしてみましょう。見学に行った文化祭と同じ舞台で劇をしているかもしれません。憧れの部活で活躍しているかもしれません。勉強することで、そのイメージが実現すると考えれば、モチベーションもあがってくるでしょう。

モチベーションのあげ方はほかにもいろいろあります。塾の自習室で勉強すれば、頑張っている友人の姿が目に入ります。「同じ学校に行きたい！」という友人がいれば頑張れるかもしれません。自分がどうしたら頑張れるかを知っていれば、やる気も持続できます。

試験直前に不安を書き出してみる

緊張感が最も高まるのが試験開始直前でしょう。「できなかったらどうしよう」、「もっと勉強しておけばよかった」など、不安な気持ちも大きくなります。

そんなときに有効な手段が、いま、自分が感じている不安な気持ちをそのまま紙に書き出すことです。

もちろん、「あれだけやったから、大丈夫」「絶対受かる！」と自分を鼓舞する方法もありますが、それでもどうしても不安が取り除けないときにはやってみてください。

やり方は簡単です。一見逆効果のような気がしますが、アメリカの大学の実験では、これだけで不安が解消され、成績が向上したことが証明されています。「いつも緊張して本番で実力が出せない」と思っている人は、ぜひやってみてください。

当日の過ごし方

いよいよ受験当日です。入試に100％集中できるようにするためにどのように過ごすのが有効かを知っておきましょう。

当日の持ちものについて

持ちものは募集要項を確認しましょう。受験票、筆記用具、昼食はどの学校の入試でも必要となります。当日の朝に慌てないためにも、用意は前日のうちにすませておきましょう。

受験票　シワにならないようにファイルなどに挟んで管理します。複数校受験する場合は間違えて別の学校の受験票を持って行くことのないように。

筆記用具　使いなれたものを持っていきます。コンパス・定規が必要な場合は募集要項に記載があります。えんぴつの芯はちゃんと削れているか、シャープペンシルの芯は予備があるかなども確認しておきましょう。

昼食　お弁当の場合は消化にいいおかずを用意してもらいましょう。

交通費・小銭　電車やバスを使う場合はパスモやスイカがあると便利です。使う前にはチャージ（入金）金額を確認しましょう。小銭もいざというときのために持っていきます。

その他　ティッシュ、ハンカチなど、普段の身だしなみとして必要なものは持っていきましょう。また、合格祈願のお守りなどもカバンに入れておけば、モチベーションアップに役立ちます。いつも使っている参考書を持っていくのもいいでしょう。

受験当日の朝は余裕をもって動く

起床から2～3時間後に脳が働き出すことを考えて、当日の朝は早めに起きるように。早起きすれば時間に余裕をもって行動できるので、気持ちにもゆとりができます。緊張していても、朝食は普段と同じようにしっかり食べましょう。

早めに家を出ることも大事です。電車やバスの少しの遅れや、道に迷って予定よりも到着までに時間がかかったときなどにも対応できます。出かける前にはニュースで交通機関のトラブル情報をチェックしておきましょう。

試験会場に着いたら早めにトイレに行こう

試験会場に到着したら、自分の席について荷物を置きましょう。そのときに、机の受験番号と受験票記載の自分の受験番号を照らし合わせ、間違った席に座っていないか確認します。

そして、早めにトイレに行きましょう。早めに用を足しておけば落ち着いて試験も受けられますし、トイレの場所をチェックできるので休憩時間にもトイレを探して慌てることもありません。自分の席に戻ったら試験開始までの時間を静かに過ごしましょう。

休み時間の過ごし方

いま終わった科目の試験がどれくらいできていたのか、気になってすぐに答えを確認したい気持ちはわかります。しかし、試験はまだ終わっていません。休み時間は次の科目へ気持ちを切り替える時間として使いましょう。受験に向かう緊張感を持ち続けるためにも、同じ試験を受けている友人がいても極力話さないようにして、次への集中力を高めていきましょう。

また、休憩時間はトイレが混雑する場合も多いので、済ませたい人は早めに行っておきましょう。

トラブル対処法

知っておけば困らない、試験当日によくある様々なトラブルへの対処法をご紹介します。

道に迷わないために

ほとんどのみなさんは事前に受験校を訪れて、交通経路や学校までの道順は確認済みだと思います。それでも、「道路が工事中だったので迂回していたら迷ってしまった」「乗り換えで違う電車に乗ってしまった」「降りる駅を間違えてしまった」など、当日に道に迷ってしまう可能性は否定できません。大切なことは、多少迷っても大丈夫なくらい時間的に余裕をもって家を出ておくことです。そして、迷ったときに慌てないための準備をしておくことです。地図を用意したり、時刻表を調べておくこと、乗り換えの際に戸惑わないように経路をしっかり確認しておくことなどです。

それでも遅れてしまいそうな場合には、すぐに受験校に電話で連絡しましょう。学校によっては別室で時間をずらして受験できる場合もあります。

電車やバスが遅れて遅刻しそうな場合は

早めに家を出て、学校までの経路の下見も万全だったとしても、電車など公共交通機関が遅れてしまい試験に遅刻してしまうことも考えられます。もしそのような状況に遭遇してしまったときは、慌てないでまず受験校に電話連絡します。公共交通機関の遅延で間に合わない受験生はあなた以外にもいると思われますので、学校は必ず対応してくれます。

そのときに駅の改札口で「遅延証明書」を忘れずにもらってください。また、バスは道路の混雑状況で多少の遅れは出やすい交通手段だということを理解して利用してください。それでも大幅に遅れた場合は遅延証明書をもらえる場合がありますので、運転士さんに尋ねてみましょう。

受験票を忘れてしまったら

あってはならないことですが、もし受験票を忘れてしまったときは、速やかに試験官や担当者に申し出るようにしましょう。なんらかの対応をとってくれるはずです。筆記用具を忘れた場合も同様に申し出ましょう。

受験票を忘れてしまっても受験ができなくなるということはありませんが、本当に合格したいという強い気持ちのある人はこういった忘れものをしないでしょう。前日の準備は万全を心がけてください。複数校受ける場合には、間違えて別の学校の受験票を持ってきてしまうということもありがちです。学校別にファイルで保管するなど、工夫して管理するようにしましょう。

志望校の出題傾向がガラッと変わっていたら

過去問を入念にやり、志望校の傾向と対策にしっかり取り組んできたのに、その年にかぎって出題傾向が大きく変更されるときもあります。

見たことのない問題を目の当たりにして頭が真っ白になる受験生も少なくないと思いますが、焦る必要はありません。動揺しているのはほかの受験生も同じです。みんな同じ条件なのですから、あとは実力勝負。出題傾向が変わったからといって動転することなく、落ち着いて試験に取り組むことを心がけて頑張りましょう。

知っておきたい 二〇一三 こんな年！

新しい年が明けましたね。昨年はオリンピックなどの世界的なイベントもあり、そこからはうれしいニュースも生まれました。

今年はどんな年になるのかと、いまからわくわくしている人もいるんじゃないでしょうか？　２０１３年をいち早く知りたいそんなあなたのために、今年予定されている出来事をカレンダーにしました。２０１３年もいい年になることを願って、先取りして見てみましょう。

ゴッホ生誕160周年

オランダの名画家、フィンセント・ファン・ゴッホ。画家として活動したのは、37歳で自ら命を絶つまでのわずか10年という短い時間だった。『ひまわり』や『自画像』など多くの作品が名画として知られているが、生前はほとんど作品が評価されることはなく、売れた作品はたった1つだったという。昨年、日本でも『糸杉』が初公開となるなど、いまでは世界中でゴッホの作品を楽しむことができる。

アメリカ合衆国大統領就任式

昨年11月の大統領選挙で、共和党のロムニー氏を破り、みごと再選を果たした民主党のバラク・オバマ大統領。1月20日の大統領就任式をもって、第45代アメリカ合衆国大統領に正式に就任する。クリントン政権から3代続けて2期連続の政権運営となる。新大統領最初の仕事は、就任演説。どのような演説をするのか期待する国民も多い。

月 できごと

★日本のできごと
★世界のできごと

1

★日本のテレビアニメ放送開始50周年
1話30分の本格的な国産テレビアニメが国内で放送されたのは、鉄腕アトムが最初とされている

★アメリカ合衆国大統領就任式

2

★韓国大統領就任式
日本のおとなりの韓国でも、2月25日に第18代大統領就任式が行われる
朴槿恵（パク・クネ）大統領の就任で、韓国は初の女性大統領誕生となる

3

★第3回ワールド・ベースボール・クラシック（WBC）が
★アメリカ・日本などで開催される

★瀬戸内国際芸術祭2013開幕
瀬戸内海の島々での芸術祭。春から秋にかけて楽しむことができ、今年は2回目の開催となる

★ゴッホ生誕160周年

4

★20世紀生まれの小学生がいなくなる
4月1日をもって、現小学生は全員21世紀生まれの子どもとなる

★テレビアニメ「ドラえもん」放送開始40周年
1973年の4月1日にドラえもんが初めてテレビに登場した

★東京ディズニーランド開園30周年
1983年、世界で4番目となるディズニーランドが日本にオープンした

5

★リヒャルト・ワーグナー（ドイツの作曲家）生誕200周年
『ワルキューレの騎行』など多数の名曲がある。結婚式での定番曲『婚礼の合唱』を作曲したのもワーグナーである

★オーストラリアなどで金環日食
昨年5月に日本でも観測された金環日食が、今度はオーストラリアなどで観測される

6

★日本代表も参加する
第9回FIFAコンフェデレーションズカップが
ブラジルの各地で開催される

岡倉天心、田中正造死去100周年

岡倉天心は明治維新後、日本に西洋化の波が押し寄せるなかで近代日本美術の発展、保存に大きな功績を残した人物。東京美術学校（現・東京芸術大学）設立などに大きく貢献した。

田中正造は明治時代の日本の政治家で、日本初の公害事件と言われる足尾銅山鉱毒事件を世に訴えた。日本近代史においては、ともに覚えておくべき人物だ。

国際的なスポーツ大会が多数開催

3月に第3回ワールド・ベースボール・クラシック（WBC）が日本やアメリカなどで、6月に第9回FIFAコンフェデレーションズカップがブラジルで、8月には第14回世界陸上競技選手権大会がロシアのモスクワで開催される。WBCでは、日本の3連覇に期待がかかっている。今年も各競技で日本人選手の活躍する姿が見られそうだ。

クロアチアがＥＵに加盟予定

欧州連合（ＥＵ）は、外交や安全保障政策の共通化と通貨統合の実現を目的として、1993年11月、マーストリヒト条約の発行によって創設された。加盟国間の人やモノが自由に移動でき、また単一通貨ユーロが多くの国で使用されている。現在は27カ国が加盟しており、2013年7月のクロアチアが28カ国目の加盟国となる。クロアチアはバルカン半島に位置し、首都はザグレブ。

参議院議員 通常選挙

参議院議員242人のうち、第21回参議院議員通常選挙（2007年）で当選した121人が7月28日に任期満了を迎える。そのため、任期満了日の前30日以内、もしくはこの期間に参議院が開かれていたり、閉会してから23日以内だった場合は、閉会の日から24日以降30日以内に「第23回参議院議員通常選挙」が行われる。2012年12月16日の衆議院議員総選挙で政権が交代後、初の国政選挙となる。

2013年

7

★任天堂の「ファミリーコンピュータ」発売30周年

ファミリーコンピュータ、通称ファミコンは、日本のテレビゲームの先駆けとして大きな影響を与えた

★7月の任期満了に伴い、第23回参議院議員通常選挙が行われる

★クロアチアがＥＵ（欧州連合）に加盟予定

8

★第14回世界陸上競技選手権大会がモスクワ（ロシア）で開催される

9

★岡倉天心（美術評論家）、田中正造（政治家）の死去100周年

★2020年夏季オリンピックの開催地が決定する

東京、イスタンブール（トルコ）、マドリード（スペイン）の3都市のなかから選ばれる

★アメリカのソフトウェア会社Ｇｏｏｇｌｅが創立15周年

今や世界最大となったインターネット検索エンジンサービスなどを開発している

10

★ジュゼッペ・ヴェルディ（イタリアの音楽家）生誕100周年

オペラ『アイーダ』、『椿姫』など日本でもおなじみの音楽を数多く生み出した

★ロバート・キャパ（アメリカの写真家）生誕100周年

第二次世界大戦におけるノルマンディー上陸作戦を撮影した写真はあまりにも有名

★バリ島（インドネシア）で第25回ＡＰＥＣ（アジア太平洋経済協力）首脳会議開催予定

★第11回アジア太平洋都市サミット市長会議が熊本市で開催される

海外13カ国21都市と、日本の9都市が参加する国際会議

11

★江戸幕府最後の将軍・徳川慶喜の死去100周年

77歳で死去。徳川歴代将軍のなかで最も長生きだった

★大西洋上やアフリカ大陸などで金環皆既日食が見られる

金環皆既日食は地域によって皆既、金環日食のいずれかが見られる日食のこと

12

第25回APEC首脳会議

APEC（アジア太平洋経済協力）は、環太平洋地域の国や地域が参加して、経済面での協力を進めるための組織のこと。日本、アメリカなど12カ国で発足し、現在は21の国、地域が参加している。毎年開催されるAPEC首脳会議は現在までに24回を数え、日本では第7回（大阪、1995年）、第22回（横浜、2010年）の2回開かれている。

2020年夏季オリンピック開催地決定

2020年夏季オリンピック開催地が、9月7日にアルゼンチンで開かれるIOC（国際オリンピック委員会）総会で決定される。東京のほかには、トルコのイスタンブール、スペインのマドリードが最終候補地として選ばれている。2016年度のオリンピック開催地に落選した東京にとって、選出されればじつに56年ぶりのオリンピック開催決定となる。

The University of Tokyo Vol.024

text by Tommy

東大への近道

焦りや緊張に打ち勝ち実力を発揮するために

こんにちは。受験までのカウントダウンも残すところあとわずかとなりました。期待する気持ち、焦る気持ち、いろいろな思いが交差して、落ち着かない日々が続いているに違いありません。

毎年、受験を終えた学生から聞く最も残念な言葉は、「緊張して実力を出しきれなかった」というものです。厳しく聞こえるかもしれませんが、それに対する私の本心は「緊張しても実力を出しきれるだけの準備ができなかったのだ」というひと言です。ここまでの努力がどうであれ、本番で出しきれなければ意味がありません。

そこで、今日は自信を持ってみなさんが試験会場へ向かえるヒントをお話ししたいと思います。

どんな世界でも、努力した日々に比べて、それを発揮するのは一瞬です。学校行事はどうでしたか、1日のためにどれだけ準備をしたでしょうか。あのイチロー選手でさえ、わずか1打席のために日々のトレーニングを欠かしません。

みなさんに気づいてほしいことは、本番で力を出せるのが当たり前ではないということです。受験でよく聞く反省は「本番では急に時間が足りなくなった」です。これは、本番で間違えたくないという思いが強く、慎重になりすぎたことが原因です。とくに国語や英語で慎重に文章を読みすぎて、焦って選択肢を選び、誤答に引っかかるケースが激増します。

ゆえに、本番で力を発揮するための練習をするべきなのです。その練習法を3つほど紹介します。

1つ目は、「成功イメージを作る」ことです。受験本番は「落ちたらどうしよう」と不安にかられることで、余計な緊張や焦りを生み出します。普段の模擬試験や過去問演習のときから、「きっと大丈夫、いい結果が出る」と思いながら解く練習をしてみましょう。難しい問題があったら、「周りの受験生もきっとできないに違いない」と割りきるくらいの方が、いい結果につながりますよ。

2つ目は、「行動をパターン化する」ことです。例えば国語を解くときは、「全ページを見渡して、1回深呼吸してから取り組もう」というように、毎回同じ手順を踏む決まりを作ります。緊張しているときは、いつもと同じ行動をとることが、平常心を取り戻すチャンスになります。

なお、1つ注意すべき点は、過去問の傾向を信じすぎないことです。本番で出題パターンが変わって動揺してしまっては意味がありません。

さて、3つ目の方法は、「信じること」です。受験前、これまでの準備は完璧だと思える人はほとんどいないはず。みんな不安で、みんなつらいのです。だからこそ、テスト当日はそれらの負の感情をすべて忘れ去るべきです。本番では、真面目に考えすぎて暗くなるよりも、気楽に開き直る方がいいです。信じることに理由はいりません。開き直ることも1つの才能です。

近所のお寺や神社などでお祈りすることも、気持ちを前向きにしてくれます。この際、満足いくまで神頼みするのもいいでしょう。

受験生それぞれ考え方は違うので、自信をつける共通の方法はありません。だからこそ、周りにいる多くの人と話して心のバランスをとることが一番なのかもしれませんね。みなさんの成功を私もお祈りしています。

▶▶▶ 心のバランスを保って本番に臨もう

首都圏 2013年度版

中学受験情報誌 合格アプローチ 臨時増刊

国立 私立 中学校 厳選ガイド270校

好評発売中

Ａ４変版 306ページ
定価：本体1,800円+税
ISBN978-4-903577-43-2

直接購入ご希望のかたは
☎03-3253-5944
グローバル教育出版
営業部、または弊社ＨＰ
よりご注文ください

全国の書店
でお求め
ください

現在、国内には700校以上もの中高一貫校があります。そのうち、首都圏には300校以上の学校が所在しています。また、これまでの国立・私立だけではなく、公立中学校においても、中高一貫校を新設する動きがつづいています。多くの選択肢のなかから、各家庭の考え方やポリシーに合わせた教育を選ぶことができるということは、非常に幸せなことです。しかし、その反面、選択肢が多いということは、どの学校にすればよいのか、悩んでしまうという側面も持ち合わせています。とくに初めて中学受験を経験されるご家庭においては、とても大変な作業です。そのような保護者のかたに、少しでもお役に立てれば、との思いから生まれたのが本書です。毎年改編を重ねながら、今年も教育理念や特色など、270校の素の姿をお伝えしています。そのため、いわゆる偏差値や学力の指標となるものは掲載しておりません。それは数字だけで判断するのではなく、ご家庭の教育方針やお子さまにあった学校を選んでいただきたいからです。中学受験が本格的に迫ってくるこれからの季節に、ぜひ一度ご覧ください。学校選びの視野が広がることはまちがいありません。

株式会社 グローバル教育出版

〒101-0047 東京都千代田区内神田2-4-2 グローバルビル
TEL：03-3253-5944（代） FAX：03-3253-5945
http://www.g-ap.com

行き届いた学習システムで充実の3年間を過ごす

SCHOOL EXPRESS

城《じょう》北《ほく》埼《さい》玉《たま》高等学校

埼玉県　私立　男子校

創立から30年余を数える埼玉有数の男子校・城北埼玉高等学校。2011年から新たな校長先生のもとで、学習システムをよりいっそう充実させています。

森泉《もりいずみ》 秀雄《ひでお》 校長先生

School Data

所在地　埼玉県川越市古市場585-1	アクセス　東武東上線「上福岡」･JR川越線「南古谷」・西武新宿線「本川越」スクールバス	生徒数　男子のみ616名
		TEL　049-235-3222
		URL　http://www.johokusaitama.ac.jp/

人間性を育み 学力を伸ばす

城北埼玉高等学校（以下、城北埼玉）は、1980年（昭和55年）に、埼玉県に私立校を根付かせたいという思いのもとに、近藤薫明《しげあき》先生により創立されました。2002年（平成14年）には中学校が併設され、以降、埼玉県を代表する中高一貫校として歴史を刻んでいます。

近藤先生が培われてきた「心身ともに健全で自律的な努力に徹し得る人間の育成」という建学の精神と、「着実・勤勉・自主」の校訓のもとに、「人間形成」と「大学進学指導」を2本の柱とした教育が行われています。

この2本の柱について森泉秀雄校長先生は「『人間形成』と『大学進学指導』というと、相反するものと考えられがちなのですが、そうではありません。大学進学も人間性がしっかりしていてこそですから、学力も人間性もしっかり兼ね備えた人になってもらいたいということなのです」と説明されました。

進学目標に応じた 2つのクラス

城北埼玉は3学期制で、授業は1時限50分です。平日は毎日6時限授業で、土曜日は午前中4時限です。毎学期の期末試験から終業式までの期間は、テスト休みなどは設けず、毎日午前授業を実施し、試験についての復習確認や問題演習などを行って、知識を確実に定着させます。

クラス編成についてみていくと、これまでは1年次のみ中入生と高入生は別クラス編成で、2年生からは混成でしたが、来年度からは、中入生と高入生は3年間を通して基本的に別々のクラス編成となります。中入生が4クラス、高入生が2クラスです。

「中入生は先取り授業を行っていますが、その分知識の定着度は高入生より弱い部分があります。逆に高入生は知識の定着度は高いですが、先取りの授業は経験しておりません。それを無理にいっしょにするのではなく、いいところを活かして伸ばせるようにしていきます。」（森泉校長先生）

高入生の2クラスは「選抜クラス」と「一般クラス」に分かれます。そして2年次から理系コースと文系コースに分かれ、3年次には、国立理系コース、国立文系コース、私立文系コースに分かれます。

このうち、「選抜クラス」「一般クラス」とも、国立文系コースと私立文系コースの2つは、人数の関係で中入生と混合する形になります。

また、「選抜クラス」と「一般クラス」の間の入れ替えは、進級するタイミングで行われます。

「選抜クラスは難関大学合格をめざすクラスです。定期テストもそれを意識して、一般クラスとは異なり難しいものにしました。ですから、もし推薦入試などで大学進学を考えている生徒さんは、一般クラスで学ぶ方が有利となる場合も考えられます。」（森泉校長先生）

特徴的な「静座」 各種テストで学力を補強

他校ではあまり見られない取り組みとして、毎授業開始時の「静座」があげられます。これは、休み時間が終わって、授業開始前の数十秒、席について心を落ち着かせることで授業へと心を切り替え、集中することを目的としています。休み時間はしっかりと身体を動かし、授業とな

オリエンテーション

競技会

受験合宿

れば勉強に集中する城北埼玉らしさが、この「静坐」に表れていると言えます。

授業の面では、通常の授業に加えて、それぞれの生徒レベルに応じたさまざまなテストや補習でしっかりと学力を補強していきます。

まず、各教科で「小テスト」などを繰り返し、授業の予習・復習を通じて、知識をしっかりと定着させます。そして月曜日に行われる「月曜テスト」で、前週の定着度を確かめます。

さらに各学期の始めには「宿題テスト」があります。夏休みなど長期休暇中に出された宿題のチェックを行うことで、各生徒の学力アップをフォローしていきます。

「さまざまな学力層の生徒が学校にはおりますが、成績下位層の生徒をしっかりとフォローアップしていくことが大切です。成績優秀な生徒だけを優遇するシステムだと学校全体が成長できないでしょう。上位や中位はもちろん、下位層をいかに引きあげるかが大切なポイントと考えています。」（森泉校長先生）

講習も充実しています。「特別研究会」と称して、1・2学期に各4週間、週2回放課後に2時間ずつ講座が設けられています。1・2年次は英語・数学・国語・理科の4教科、3年次は英語・数学・国語・理科・社会の5教科です。これらの講座は大学入試を意識したもので、あらかじめ生徒にスケジュールが発表されて、生徒が希望する講座を選ぶ形になっています。

夏期講習は、夏休みをⅠ期～Ⅳ期に分けたスケジュールが組まれています。各学年を対象にした講座があり、とくにⅢ期・Ⅳ期は3年生中心の講座が多く組まれています。夏期講習もあらかじめ講座の一覧が生徒に示され、生徒は希望する講座を受講できるようになっています。冬期講習は1、2年生の希望者を対象に行われています。

3年生には、夏休みに1週間と冬休みに4泊5日の「受験合宿」が用意されています。こちらも希望制で、大学受験のための集中勉強合宿です。

「団体戦」を意識して行われている進路指導

進路指導については、各学年の「進路シラバス」によって、組織的、継続的な進路指導が行われています。

2011年に森泉校長先生が着任して以来、それまで以上に「団体戦」

体育祭

川越運動公園陸上競技場を使用し、中高合同で行っています。縦割りで5つの団に分かれ、優勝を競います。男子校らしく、激しい競技も多く取り入れられています。

という学び合いの精神を高めた進路指導が行われています。
「進路指導は、各学年によって指導が異なるようではいけません。進路シラバスはそうしたことを配慮して作りました。教員は、進路指導部のリーダーシップのもと、統一された指導方針に則り『団体戦』で力を合わせ指導します。例をあげると、授業では各先生がたが教科書に加えてプリントや独自のテキストを作っています。これを先生同士の横の連携、つながりを考えて作るようにお願いしています。教員がお互いに共通理解と情報共有をしながら、さらに高度な授業や進路指導を行っていくことをめざしています。」（森泉校長先生）

生徒自身に進路について考えさせることも重視しており、その1つとして、父母会の協力を得た講演会があります。さまざまな職業についている卒業生や在校生の保護者を招き、自分たちの職業について話をしてもらいます。講演される保護者のみなさんは、医師、弁護士、パイロット、研究者など多種多様です。

伸びしろが大きい 城北埼玉の生徒たち

「本校には、『素直、純心、真面目』な生徒が多いです。素直に学校を信頼して、真面目に勉学に取り組むことができるので、城北埼玉生には大きな伸びしろがあります」と目を細めて語られる森泉校長先生。最後に、城北埼玉ではどんな3年間を過ごすことができるか伺いました。

「何事にも志を持ち、課題を見つけて挑戦していくチャレンジ精神を身につけてもらいたい。さらに、仲間と学び合い、励まし合い、支え合うという団体戦の精神を大切にし、感謝の心とよりよい人間関係を築くコミュニケーション能力も身につけてもらいたいですね。また、部活動も奨励しており、文武両道の高校生活をめざしてもらいたい。勉強、部活動、学校行事で頑張るバランスのとれた『楽ではないが楽しい学校』。それが城北埼玉高等学校です。」

文化祭

クラス展示などが中心で、運営は生徒が主体です。昨年は他校の女子生徒に呼びかけ、「マドンナコンテスト」を開くなど、さまざまな工夫をしています。

2012年度(平成24年度)大学合格実績（　）内は既卒

大学名	合格者	大学名	合格者
国公立大学		私立大学	
北海道大	2(1)	早大	30(15)
東北大	2(0)	慶應大	16(4)
茨城大	1(0)	上智大	12(4)
筑波大	5(2)	東京理科大	58(12)
埼玉大	3(2)	青山学院大	16(11)
千葉大	2(1)	中大	50(20)
首都大東京	3(2)	法政大	31(18)
電気通信大	2(2)	明大	36(14)
東京学芸大	1(0)	立教大	26(9)
東京工大	2(0)	学習院大	8(5)
東京農工大	5(0)	国際基督教大	3(1)
一橋大	3(1)	成蹊大	6(4)
横浜国立大	4(1)	成城大	9(6)
名古屋大	1(0)	武蔵大	3(2)
その他国公立大	4(2)	その他私立大	323(161)
国公立大合計	40(14)	私立大合計	627(286)

豊《ほう》南《なん》高等学校

東京都

豊島区

共学校

School Data

所在地	東京都豊島区高松3-6-7
生徒数	男子378名、女子345名
TEL	03-3959-5511
アクセス	地下鉄有楽町線・副都心線「千川」徒歩8分
URL	http://www.hs-honan.com/

Go forth

豊南だからできる 力強く踏み出す一歩

豊南高等学校の創立は1942年（昭和17年）。「貧しい時代であっても勉強をしたいという子どもたちに教育の機会を与えたい」という創立者の思いから豊南は誕生しました。「自主獨立」を建学の精神とし、自分の足で立ち、歩き、自分の頭で考え、決断、実行する人を育んでいます。2012年（平成24年）には創立70周年を迎えました。

そんな豊南の教育の特徴として、1年間を4学期に分けた4ターム制があげられます。1日6時限を基本としながら、バランスよく授業日と休日を配することで、3学期制の学校と比べると約1年多い、4年分の授業時間を確保しています。これにより、第1～3までのタームで1年分の学習過程を終え、第4タームでは次学年のカリキュラムを先取りして勉強することができるのです。また、各ターム終了ごとに休暇を設けおり、生徒たちはリフレッシュして次のタームに臨むことができます。

豊南には個性と目標に合わせた3つのコースがあります。国公立大学や難関私立大学への進学をめざす「特進コース」、勉強やクラブなどを両立させ、中堅・難関大学進学をめざす「選抜コース」、文武両道で基礎学力をつけて中堅大学をめざす「進学コース」があります。

なかでも「特進コース」は、少数精鋭のクラス編成で密度の濃いカリキュラムが組まれています。また、夏休みの勉強合宿は全学年が参加。0時限授業や放課後講習などによる充実した学習サポートのもと、高い意識をもって勉強に臨むことができます。「選抜コース」や「進学コース」でも、成績と希望により、進級時に他コースに移動することも可能です。「特進コース」への移動の際、冬期・春期講習でフォローアップも行われます。

そのほかにも、生徒の可能性の芽を最大限に伸ばすシステムがたくさんあります。「スクールe」はネット配信型の教材で、約2600講座が用意されており、授業の予復習や弱点補強などに利用できます。また、学習状況に関するアンケート「スタディサポート」により、生徒にベストな学習アドバイスが行われ、大学の推薦や2次試験に対応した「小論文模試」の実施など、手厚い「伸学システム」が整っています。

近年では3年連続で医学部への合格者を輩出するなど、大学合格実績も躍進し、四年制大学への現役進学率も76％を誇ります。こうした豊南高等学校のさまざまなサポートが、生徒の学力を着実に伸ばし、未来への第一歩につながっています。

桜《おう》美《び》林《りん》高等学校

東京都

町田市

共学校

School Data

所在地　東京都町田市常盤町3758
生徒数　男子472名　女子531名
TEL　042-797-2667
アクセス　JR横浜線「淵野辺」・小田急線・京王線・多摩モノレール「多摩センター」よりスクールバス
URL　http://www.obirin.ed.jp/hiscl/

他者や異文化の心を尊ぶ

桜美林高等学校（以下、桜美林）の創立者である清水安三は、「自分を愛するように、隣人を愛する」というキリスト教の精神を基に、国際社会に目を向け、世界に貢献する人間の育成を願って、桜美林学園を創立しました。

キリスト教学校として、学校の敷地内にはチャペルが併設されています。そこでの週1回の礼拝は、生徒と教師にとって、自分を見つめ、1人ひとりがかけがえのない存在であることを確認するための大切な時間となっています。

教育の特徴である充実の国際教育

国際教育が盛んな桜美林。めざしているのは、異文化において、意思の疎通ができる能力を持ち、互いに尊重し、あるがままに受け入れ、対応する能力を持った国際人です。

まず、「英語の桜美林」と認知されているほど、英語教育には定評があります。英語を自らの考えを積極的に表現する手段とし、文化の異なる人々ともコミュニケーションのとれる人間を育んでいます。3年間を通して英語の授業が充実しており、基礎から難関大学入試レベルまでの実力をつけることができます。

また、アジアとの交流を大切にするため、第2外国語には中国語と韓国語を取り入れています。さらに、海外研修も用意しており、中国・韓国・オーストラリアの姉妹校を中心に、イギリス・ニュージーランドを加えた5ヵ国で多くの生徒が貴重な体験をします。

丁寧な進路指導が進学実績伸長につながる

2012年度は、難関大に多くの合格者を出し、G－MARCHには過去最高の201名の合格者を輩出しました。希望者は原則全員、併設の桜美林大学への進学が可能ですが、年々難関大を受験する生徒が増え、併設大学への進学は数%です。国公立大に関しては、東大をはじめ21名が合格し、3年前から約2倍に増えました。

こうした意欲ある生徒のために、桜美林では高1より選抜クラスを設けています。レベルの高い授業を展開し、高3になると一般受験で国公立大・難関私立大をめざす生徒のみで構成されます。

また、受験への意識を自然と高めるための取り組みとして、高1から段階的に丁寧な進路指導が行われています。高3では、大学キャンパスツアーや卒業生を招いての個別相談会を実施し、生徒たちは先輩からよきアドバイスを得ています。

他者を尊ぶことを学び、真の国際人としての力を養う桜美林高等学校です。

共学校

神奈川県立 横浜《よこはま》緑《みどり》ケ《が》丘《おか》高等学校

創立90年の伝統を引き継ぎながら 新しい時代を創る若人を育成する

横浜を一望できる本牧の丘陵に位置する神奈川県立横浜緑ヶ丘高等学校。全校生徒を対象としたＴＯＥＩＣテストの実施や、総合的な学習の時間を使って行うテーマ別研修・課題研究など、卒業後のキャリアにつなげるための学力の育成がめざされています。

林《はやし》　誠之介《せいのすけ》 校長先生

母校愛に支えられた歴史ある伝統校

神奈川県立横浜緑ヶ丘高等学校（以下緑ヶ丘高）は、１９２３年（大正12年）に神奈川県立横浜第三中学校として開校されたのが始まりです。当時は県立商工実習学校で授業を行っていました。関東大震災後の翌年、現在地に移転しました。

１９４５年（昭和20年）、戦災により校舎が全焼。校地は米軍の進駐軍に接収されました。しばらく分校で授業が行われ、１９４７年（昭和22年）に接収中の校地の一部が解除され、校舎建築の許可が下りました。１９４８年（昭和23年）の学制改革で、神奈川県立横浜第三高等学校と改称され、１９５０年に男女共学の神奈川県立横浜緑ヶ丘高等学校という名称になりました。

校訓には「三徳一誠」が掲げられています。三徳とは「知・仁・勇」を表し、一誠とは「まことをもって貫く」という

学校生活

本牧の丘の上に位置するキャンパスで、生徒は伸びのびと学校生活を送っています。部活動への加入率は9割以上と高く、まさに文武両道の学校と言えます。

図書館

食堂

授業風景

体育館での部活動の様子

部活動（ラグビー部）

部活動（管弦楽部）

意味で、中国の古書『中庸』から取られた言葉です。教育方針として「社会のリーダーとなる人材の育成を目指して、幅広い教養と確かな学力を身につけさせる」が掲げられています。

林誠之介校長先生は「本校は2013年で創立90周年を迎えます。長い歴史のなかでは、戦災により校舎が全焼するなど苦難のときがありました。しかし、保護者や同窓生が本校を支え続けてくれています。本校には昔から保護者と保護者のOB・OGで組織する『三徳会』という後援会があり、物心両面で教育活動に支援をしてくれています。また、同窓会は『牧陵会』といい、毎年夏休みの最後にはOBやOGが集まり、現役生との交流もかねた楽しい文化祭のような『緑のフェスティバル』を開催しています。歴史と伝統のある本校では、おじいさんの代からお孫さんまで3代にわたって緑高生となることも稀《まれ》ではありません」と話されました。

時代に合わせて進化を続ける学習活動

緑ヶ丘高では、2学期制が実施されています。週5日制をとっており、授業は1時限50分です。月～金曜日まで、毎日6時限あります。2012年度（平成24年度）は1・2年生は7クラス、3年生は8クラス編成です。

「2学期制を導入したのは、1971年度（昭和46年度）からです。多くの学校で2学期制が広く採用され始めたのは平成になってからですから、本校ではそれよりも前から2学期制の教育効果を見出していたことがわかります。授業時数の確保という意味もありますが、夏休みのあとに前期の期末試験ができるということも重要です。」（林校長先生）

カリキュラムは、1年生は芸術科目以外は共通履修です。2013年度（平成25年度）から、2年生では国語・数学・社会・理科で科目選択を実施します。

3年生は、文系クラスのⅠ型と理系クラスのⅡ型に分かれます。必修選択科目だけではなく、自由選択科目と学校設定科目があり、個々の進路希望に対応した柔軟な科目選択が設けられています。

緑ヶ丘高の授業では、少人数制授業が多数行われています。とくに2年次必修の英語科の科目・ライティングは、クラスを半分の20名に分けて実施され、少人数によるきめ細やかな指導でさらなる実力伸長をめざします。

その他の授業の特徴として、小テストが国・数・英で授業のはじめに実施されていることがあげられます。これは、予習・復習にしっかりと取り組む姿勢を育むと同時に、授業で学んだ内容の定着度を測ることにもつながります。

高度情報化社会に対応できる情報教育

体育祭

毎年10月に学校のグラウンドで行われる体育祭。縦割りで３つの色に分かれ、大縄跳びやリレーなどさまざまな競技で競いあいます。

緑高祭
（文化祭）

今年度の緑高祭のテーマは「みどりの窓口」でした。クラスの展示も見事ですが、中庭の模擬店やステージ、体育館での吹奏楽部や管弦楽部・ギター部など音楽系の発表も盛りあがります。

にも取り組んでいます。２０１３年度入学生から、２年次で「社会と情報」の授業が必修となります。コンピュータに関する知識と技術、情報モラルについて学ぶと同時に学習活動に役立つプレゼンテーション能力を身につけます。

夏期講習も充実しています。各学年ごとにいろいろな講座が用意され、実施される日数も講座ごとにさまざまなので、夏休みの間中、いつも夏期講習が行われています。参加は希望制となっており、生徒は受けたい講座を自分で選び、受講します。

「緑ヶ丘高では、職員室の前にはテーブルを用意してあります。先生が生徒からの質問に対応するためのスペースです。早朝や放課後には先生がたが自主的に行っている補習もあります。」（林校長先生）

毎年実施のＴＯＥＩＣで将来役立つ英語力を育む

また、毎年1回、全学年でＴＯＥＩＣテストを実施しているのも緑ヶ丘高の特色です。リスニングと筆記試験の2部構成になっているこのテストは、自分の英語能力を多面的に見ることができます。

1年生では、ＴＯＥＩＣ講演会も実施され、英語力を向上させるための学習方法を学びます。「テストは年に1回、3年間で3回受けることができ、スコアの伸びも確認できるので、生徒にとって励みになっているようです。ＴＯＥＩＣに関しては、幅広い教養を身につけるという教育方針の取り組みのひとつと位置づけています。大学進学のためだけでなく、社会で使える英語力を育むために生涯を通じて学ぶことのできるＴＯＥＩＣは有効だと考えています。普段の英語の授業でもリスニングにはＴＯＥＩＣの教材を使っています。」（林校長先生）

幅広い知識と教養が身につくテーマ別研修と緑高セミナー

総合的な学習の時間を有効に使ったプログラムも実施されています。生徒は、芸術文化、社会科学、人間科学、国際教養、環境情報といったさまざまな分野について興味・関心に応じて研修し、学習を深めています。

1・2年生では、テーマ別研修が行われます。これは、7月と8月に1回ずつ年に2回実施されます。各回で約30講座が用意され、生徒は好きなテーマの講座に参加します。講座には、「劇団四季ミュージカル鑑賞」「アメリカ留学・旅行を考えている人への講座」「東京上野の下町文化を学ぶ」「科学技術と文化」などがあります。2年生の後半からは、生徒は各自でテーマを決め課題研究を行い、3年生で研究の成果を4000字以上の論文にまとめあげます。

さらに、年に4回開催される「緑高セ

修学旅行

テーマ別研修（鉄道総研見学）

入学式

緑高セミナー

ミナー」も、幅広い教養を身につけ人間性を豊かに育む機会となっています。「緑高セミナー」は生徒や保護者、地域のかたを対象に、各界で活躍している方々を講師として招き、土曜日の午前中に行われています。

3年間かけて行われる 進路進学指導も充実

進路指導は3年間かけて計画的に行われています。1年次には外部講師による進路講演会を、2年次には11大学から教授を招いた大学模擬授業を実施しています。実力テスト（校内模試）は、1～2年生は5月と11月、3年生は5月に行われます。全国レベルでの自分の学力を分析することができ、学習成果の確認に役立てられています。2012年度の1年生で週2回発行される学年通信「榎通信」には、OB・OGが通う各大学のキャンパスレポートが連載されています。記事には合格体験談なども含まれ、現役生たちへの激励にもなっています。

また、2013年1月から校舎の建て替えが始まりました。約1年半かけ、完成は2014年春を予定しています。快適な学習環境の整備された新校舎で、緑ヶ丘高の新たな時代がスタートすることでしょう。

最後に、受験生へのメッセージを伺いました。「私は、いつも生徒たちに、最後まで頑張ることの大切さを話しています。粘り強く努力をした者には必ず勝利の女神が微笑んでくれるので、みなさんも頑張ってください。それから、打たれ強い人間になってほしいと思っています。ですから、本校には、努力を続けることができ、最後まで諦めないガッツも持ちあわせた生徒さんに来てほしいと思います。」（林校長先生）

2012年度(平成24年度)大学合格実績(　)内は既卒

大学名	合格者	大学名	合格者
国公立大学		私立大学	
北海道大	3(0)	早大	56(21)
千葉大	4(2)	慶應大	30(6)
お茶の水女子大	1(0)	上智大	28(7)
首都大学東京	4(1)	東京理科大	47(13)
東大	1(0)	青山学院大	41(5)
東京海洋大	1(0)	中央大	29(8)
東京学芸大	2(0)	法政大	16(1)
東京工業大	3(0)	明治大	76(17)
東京農工大	4(2)	立教大	49(10)
一橋大	1(0)	学習院大	8(4)
横浜国立大	4(1)	北里大	10(1)
横浜市立大	12(5)	芝浦工業大	27(4)
神戸大	1(1)	国際基督教大(ICU)	2(1)
その他国公立大	8(2)	その他私立大	260(44)
計	49(14)	計	679(142)

School Data

神奈川県立横浜緑ヶ丘高等学校

所在地
神奈川県横浜市中区本牧緑ヶ丘37

アクセス
JR根岸線「山手」徒歩13分

TEL
045-621-8641

生徒数
男子385名、女子492名

URL
http://www.y-midorigaoka-h.pen-kanagawa.ed.jp/

和田式教育的指導

試験本番は和田流「三種の神器」で乗りきろう

受験が間近に迫ってきました。試験本番を迎える直前の心構えとして、いままでも唱えてきた和田流「受験本番の三種の神器」を紹介します。

三種の神器1 志望校に受かる受験学力

これは、いままで何度もお話ししていることです。

みなさんのなかには、勉強ができなければ志望校には受かるわけがないという思い込みがありませんか。

学校の勉強ができなかったとしても、自分の志望校の問題ができれば受験には合格します。問題集の難しい設問に答えられなかったとしても、志望校の過去問に解答できたら、合格への可能性は高まります。

学力や実力は勉強をすることで身に付くものですが、受験に受かるための力・受験学力は一般的な学力とは少し違っているのです。

受験に必要なのは自分の志望校に合った学力ですから、入学試験の1カ月前でも、1～2週間前でも、とにかくこの直前期にもう1度過去問を解いてみてください。

そして、その学校に行くにはどの学力が足りないのかということを確認してください。なぜなら、自分の志望校に行くための学力を補うことが一番重要だからです。

都立高校では自校作成問題を出題する学校がありますから、過去問を徹底的に解いておきましょう。また、他県の公立高校で新たな入試制度が始まっていますが、これまでの入試問題を解くことでも、傾向を知り、自分の弱点を補うことができます。

三種の神器2 受験の戦術

なにか目標を達成するときには戦術が必要です。受験にももちろん戦術が求められます。

野球で例えてみましょう。昨シーズンは、日本シリーズで巨人と日本ハムが戦い、巨人が優勝しました。両チームは最大7戦まである日程のなかで、ピッチャーをどのようにローテーションするか、打順をどのように組むかということを考えていたはずです。

自チームのエース級のピッチャーをどこで投げさせるかは、相手チームのエース級の登板を考えて決めるでしょう。また、相手のピッチャーが左腕のときは、左腕に強いバッターを多く打席に投入して打順を組むことも必要です。日本シリーズは短期決戦ですから、レギュラーシーズンとは違った試合の流れも考えなければなりません。

入学試験で言えば、どの教科で何点くらい取るのか、また、どの問題で点を取っていくか、どの問題から先に解いていくか、ということが受験における戦術になります。

英語の長文を先にやるか、文法問題を早めにやってしまうか、数学なら解けそうなやさしい問題から解いていくようにするなどといったことです。

志望校の過去問を解いていくなかで、問題の数や配置は把握しているはずですので、自分流のシミュレーションをしていくことが重要です。それが試験用紙を前にして慌てない方法でもあるのです。

もし、出題傾向が変わったとしても、それは受験生のだれもが初めて見るものです。自分だけが知らないわけではないので、落ち着いて問題を解きましょう。

三種の神器 3 自分が落ち着く方法を知る

日本シリーズでは、シーズン中のような投球ができないピッチャーや、ヒットの出ないバッターがいたりします。やはり、普段とは違う環境で緊張してしまうのでしょう。

受験でもパニックになったり、不安になったりして、思った以上の成績が出せないことがあります。そうならないようにするためにはどのようなことをしたらいいのでしょうか。

一番いい方法は、自分が落ち着く方法を早くから見つけ出しておくことです。模擬試験のときにどうすれば落ち着いたかを覚えておきましょう。その経験を活かしていけばいいのです。

お守りを信じている人であれば、お守りを持って試験場に行きましょう。深呼吸することで気持ちが落ち着くという人もいるでしょう。脳科学的には、心が和むような写真を見たり、笑うと緊張が取れて脳に血流が戻るといいます。可愛がっているペットの写真や、お笑い的なジョーク集を持っていくのもいいでしょう。

自分が落ち着ける方法を事前に知っておくことが大事です。

この「三種の神器」があれば大丈夫です！

Hideki Wada

和田秀樹

1960年大阪府生まれ。東京大学医学部卒、東京大学医学部附属病院精神神経科助手、アメリカのカールメニンガー精神医学校国際フェローを経て、現在は川崎幸病院精神科顧問、国際医療福祉大学大学院教授、緑鐵受験指導ゼミナール代表を務める。心理学を児童教育、受験教育に活用し、独自の理論と実践で知られる。著書には『和田式　勉強のやる気をつくる本』(学研教育出版)『中学生の正しい勉強法』(瀬谷出版)『難関校に合格する人の共通点』(共著、東京書籍)など多数。初監督作品の映画「受験のシンデレラ」がモナコ国際映画祭グランプリ受賞。

※このページは33ページから読んでください。

もの」という問答が一組になるのだ。

残ったアの「なぜ日本人は竹を頻繁に使うのか」をdに入れると、その直後の「もちろん、理由はたくさんある」につながる。

解答 *a*＝イ　*b*＝エ　*c*＝ウ　*d*＝ア

さて今度は、東京から神奈川に移動しよう。湘南高校の書き換え問題だ。

次の（ア）～（ウ）の各組において〔A〕と〔B〕の英文がほぼ同じ意味を表すように、＿＿＿線部の（　　）の中に入れるのに最も適する英語をそれぞれ１語ずつ書きなさい。ただし、（　　）の中に指示された文字がある場合は、その文字で書き始めなさい。また、短縮形（I'm や don't など）は使わないこと。

（ア）〔A〕I have never seen a more beautiful picture than this.
〔B〕This is (1)(＿＿＿) (2)(＿＿＿) (3)(＿＿＿) picture I hane ever seen.

（イ）〔A〕When I hear this song, I become sad.
〔B〕This song (1)(＿＿＿) (2)(＿＿＿) sad.

（ウ）〔A〕My brother moved to Osaka two years ago, and he still lives there.
〔B〕My brother (1)(＿＿＿) (2)(l＿＿＿) in Osaka (3)(＿＿＿) two years.

まず（ア）からだ。〔A〕〔B〕の文意は、
I have never seen a more beautiful picture than this.
＝これよりも美しい絵を私は見たことがない。

これは more A than B という比較級だね。でも never という否定語を使うことで、最上級と同じ意味になっている。つまり、「これより美しい絵は見たことがない」ということは、「いままで見た絵のなかではこれが最も美しい」というわけだ。

だから、〔B〕は
This is (1)(the) (2)(most) (3)(beautiful) picture I hane ever seen.
とすれば、最上級の文になるね。

解答（ア）*the, most, beautiful*

次は（イ）だ。〔A〕の文意は、
When I hear this song, I become sad.
＝私はこの歌を聞くと、悲しくなる。

歌を聞いて悲しくなるということは、歌が私を悲しくさせるということだ。言い換えると、私が主語ならば「私は歌によって悲しくなる」だし、歌が主語なら「歌が私を悲しくさせる」だ。

だから〔B〕は、
This song (1)(makes) (2)(me) sad.
ということになる。

解答（イ）*makes, me*

（ウ）の〔A〕は
My brother moved to Osaka two years ago, and he still lives there.
＝私の兄は２年前に大阪へ引っ越して、そのままそこに住んでいる。

これは「私の兄は２年間ずっと大阪で暮らしている」ということだね。「ずっと～している」というのは、現在完了（継続）で表現できることを忘れないでほしい。こんなふうにだ。
My brother (1)(has) (2)(lived) in Osaka (3)(for) two years.

解答（ウ）*has, lived, for*

ここで誤りがちなのは「２年間」で、for two years の for を at とか on などにしてしまう初歩的なミスをおかす人が少なくない。くれぐれも気をつけよう。

さあ、入試本番は近い。これまでの学習を振り返って、もっとも不足している部分を見つけよう。そして、その不足分を１つひとつ埋めていくといい。それが短期間でも効果の高い学習法だ。みんなが、実力通りの結果になることを心密かに祈っている。

教育時論 ―中高受験の現在《いま》を視《み》る―
森上教育研究所所長　森上展安 著　ISBN4-268-00388-6
B６判　256ページ　定価　1,470円（税込）
学校選びは親の責任 親の疑問・心配を最新の情報でやさしく解説
●思春期の子どもたちをどう育てるか　●入学準備費用に関する一考察　●自由な「学校選択」は中学受験でこそ
●「良い中学受験」と「良い中学生活」　●都立の中高一貫校計画が投げる波紋　●親の本音は「お買い得な学校」へ…
株式会社英潮社 〒101-0051 東京都千代田区神田神保町2-20 電話03-3263-6171 FAX 03-3263-6174

※このページは33ページから読んでください。

> The left part means the man, and the right part means move. So the letter means work.
> (＝左の部分は人を意味し、右の部分は動きを意味する。それで文字は働くを意味する)

もちろん man の代わりに person と答えてもいい。ほんとうは「イ＋動」のように左右２つに分けるのよりも、むしろ、center part を加えて、「イ＋重＋力」と３つに分けるほうがわかりやすいだろう。こうすると、〝人が重いものを力を込めて動かす〟と解釈できるからね。

次の「花」は「艹＋化」だから、

> The top part means the grass, and the bottom part means change. So the letter means the flower.
> (＝上の部分は草を意味し、下の部分は変化を意味する。それで文字は花を意味する)

この問題に興味をかきたてられた人は、大きな書店に行って辞書コーナーで漢英辞典を探して、ページをめくってみるといい。なかなかおもしろいぞ。

続いて、国分寺高校の難しめの問題をやってみよう。

"What can we do with *bamboo?" That's not a good question. A better question may be, "What can't we do with bamboo?" We can do many things with bamboo.

Some people say that there are 1,250 kinds of bamboo in the world. How many kinds of bamboo do we have in Japan? [a] Then, here is another question. [b] [c] [d] Of course, there are a lot of reasons.

(注) bamboo　竹

〔問〕 本文の流れに合うようにするには、文中の[a] [b] [c] [d]に次のア～エのうち、どれを入れればよいか。ただし、同じものを２回以上用いてはならない。

ア. Why do Japanese people use banboo so often?
イ. We have about half of them in Japan.
ウ. Paper, chair seats, *sudare*, *hashi* and many other things.
エ. What can we make from bamboo?

まず、問題文を考えよう。

"What can we do with bamboo?"
＝「竹を使ってなにができるか。」

That's not a good question.
＝それはよい質問ではない。

A better question may be, "What can't we do with bamboo?"
＝もっとよい質問は、「竹を使ってなにかできないか」である。

We can do many things with bamboo.
＝竹でたくさんのことができる。

Some people say that there are 1,250 kinds of bamboo in the world.
＝世界には竹が1250種類あるという。

How many kinds of bamboo do we have in Japan?
＝日本には竹が何種類あるだろうか。

[a]

Then, here is another question.
＝それから、もう１つ質問がある。

[b]
[c]
[d]

Of course, there are a lot of reasons.
＝もちろん、理由はたくさんある。

この空所 a ～ d に入れるのが以下の文だ。

ア . Why do Japanese people use bamboo so often?
＝なぜ日本人は竹を頻繁に使うのか。

イ . We have about half of them in Japan.
＝日本にはその約半分がある。

ウ . Paper, chair seats, *sudare*, *hashi* and many other things.
＝紙・椅子の腰面・スダレ（簾垂）・ハシ（箸）やその他いろいろなもの。

エ . What can we make from bamboo?
＝竹で作れないものはなんだろうか。

さあ、空所に答えを入れていこう。

[a]の直前に、「世界には竹が1250種類あるという。日本には竹が何種類あるだろうか」という質問がある。だから、[a]にはその解答文になる「日本にはその約半分がある」を入れるとよいだろう。

[b]の直前に、「それから、もう１つ質問がある」とある。だから、[b]にはその質問文（＝疑問文）を入れるのだが、疑問文は２つ（ア・エ）あるので、すぐに決められない。

そこで、残りのウをヒントにしよう。ウは紙をはじめものの名前が列挙されているね。竹でもって紙は作れないのだから、ウの前には「竹で作れないものはなんだろうか」というエを置けばいいことになる。つまり、

「竹で作れないものはなんだろうか」

「紙・椅子の腰面・スダレ・ハシやその他いろいろな

※このページは33ページから読んでください。

が原因なのか→）どうかしたの？」
ナンシー「口の（中の）奥（の所）が痛いの。そこに新しい歯が生えてきてるのよ。英語では知恵の歯だけど、日本語では［ (1) ］？」

〝親知らず〟は〝親知らず歯〟のことだね。歯科学では智歯《ちし》（知歯《ちし》・知恵歯《ちえば》）というのだそうだが、これはどうも wisdom tooth の訳語らしい。

この知恵歯を日本語ではなんと呼ぶのか、ナンシーはその呼び名をアキコに聞いたのだ。とすれば、[(1)] には［なんと呼ぶの］が入るだろうと、すぐに推測できるだろう。〝なんと呼ぶの〟は、〝What call ?〟ではなく、〝What do you call ?〟だね。

解答 *What do you call it?*

都立高校のなかでも特色のあるのが国際高校だ。「国際」という名前からして、英語問題の難しそうな学校だが、実際、どうだろうか。

A : Who is your favorite writer, Harry ?
B : I don't read books, so (　　　　　).
A : You don't read any books ?
B : I liked to read picture books when I was a small child, but not these days. Now I kike movies better.

〔問〕（　　）に入る最も適切なものを１つ選び、記号で答えなさい。

ア. he's not my favorite　　イ. I don't like it
ウ. he isn't mine　　エ. I don't have one

難しい語はない。わかりにくいのは、せいぜい、these days ぐらいだろう。これは、最近・近頃という熟語だ。

問題の会話文を日本語訳はこうなるね。

A「ハリー、君の好きな作家はだれだい？」
B「本は読まないんだ､それで（　　　　　　）」
A「どんな本も読まないの？」
B「幼い子どものときは絵本を読むのが好きだったけど、近頃はそうじゃないな。いまは映画の方が好きなんだ」

（　　）のなかにどんな言葉が入るのだろうか。直前の so が手がかりになる。これは "and so" と同じで、〝それゆえ〟とかだからとか〝それで〟といった意味だ。ハリーは、「本なんか読まないよ、だから（　　　）」と話しているわけだ。では、問いの選択枝をみよう。

ア. 彼は私のお気に入り（= favorite）でない
イ. 私は（それが）好きでない
ウ. 彼は私ではない
エ. 私は一冊も持ってない

Harry 君は読書が好きでないというのだから、おそらく本らしい本を持っていないのだろうね。

解答 エ

次は、都立青山の問題。

次の［　　　］内の漢字を一つ選び、その意味を考え、英語で説明しなさい。ただし、次の指示に従いなさい。

［ 晴　働　花 ］

指示：① 選んだ漢字を書くこと。
② 下記の形式を使うこと。
〔形式〕
The (a) part means [b], and the (c) part means [d].
So the letter [e].
③ (a)(c) には上下左右を表す英語を、次の〔　〕の中から選んで入れること。
〔top（上） bottom（下） left（左） right（右）〕
④ [b] [d] [e] には、それぞれ適切な英語を書くこと。

これは、かなり楽しい問題だね。６月号の『今年出た面白い問題・英語』で取り上げるべきだったかな。漢字が parts（部分）の組み合わせでできあがっていることを、受験生に思い出させるだろう。

③の〔top（上） bottom（下） left（左） right（右）〕は、要は〔top（冠《かんむり》） bottpm（脚《あし》） left（偏《へん》） right（旁《つくり》）〕だね。それでは、「一つ選び」と指定されているが、３文字とも答えよう。

まず「晴」だ。これは「日＋青」だ。だから、こんなふうに答えるといい。

The left part means the sun, and the right part means blue. So the letter means the fine weather.
（＝左の部分は太陽を意味し、右の部分は青を意味する。それで文字は晴天を意味する）

[e] には、means that the sky is clear（＝空が晴れている）を入れてもいいし、means that the fair weather（＝晴天）でもかまわない。

その次。「働」は「亻＋動」だから、

教育評論家 正尾 佐の

高校受験指南書

Tasuku Masao

七拾八の巻

今年出た難しい問題4【英語】

いよいよだね。なにがって、もちろん入試本番の日が、だよ。この1年の連載の最後として、いろいろな問われ方を紹介しよう。なにしろ、入試問題といっても学校によって問題の出し方がまちまちだからね。

まずは東京都の英語だ。東京都の問題は、共通問題も各高の独自問題も大問の形式が似ている。例えば、会話文が必出で、しかも通常は2問以上出される。

*Nancy is an *exchange student from the U.S. Nancy and Akiko are both seventeen and go to the same school. They meet on the train when they go to school.*

Akiko：You don't look happy. What's the matter?

Nancy：I have a pain *at the back of my mouth. A new tooth is coming in there. In English it is a *wisdom tooth. [(1)] in Japanese?

（注）exchange student　交換留学生
at the back of～　～の奥に
wisdom tooth　親知らず（最も遅く生える上下左右4本の奥歯）

〔問〕 本文の[(1)]に自然な対話が成立するように、10語以内の英語を書きなさい。

これは都立新宿の問題の冒頭だ。アキコとナンシーの会話だね。リード（説明のための前文）にはこう書いてある。

> ナンシーは米国から来た交換留学生です。ナンシーとアキコはどちらも17歳で同じ学校に通っています。2人は通学途中、同じ電車に乗り合わせました。

日本の中学校は義務教育のせいか、外国の学校と互いに生徒を留学させあう交換留学生の制度を持っている学校はかなり少ない。だが、高校、とくに私立高で外国人留学生が積極的に学んでいる姿を見るのは珍しくない。

さて、2人は車中でどんな会話を交わしたのだろう。アキコは、

You don't look happy.
＝あなたは楽しそうに見えない。
What's the matter?
＝なにが原因なのか。
とたずねた。

look には見る･眺めるだけでなく、～のように見える･～と思えるという意味もある。

matter には問題・事柄だけでなく、原因・理由という意味もある。

すると、ナンシーはこう答えた。

I have a pain at the back of my mouth.
＝私は口の奥に痛みがある。
A new tooth is coming in there.
＝新しい歯がそこに出て来ようとしている。
In English it is a wisdom tooth.
＝英語ではそれは知恵の歯だ。
[(1)] in Japanese?
＝日本語では[(1)]？
以上をまとめると、

> アキコ「（楽しそうに見えない→）元気なさそうね。（なに

宇津城センセの受験よもやま話

ある少女の手記②

宇津城 靖人先生
早稲田アカデミー　特化ブロック　ブロック長
兼 ExiV西日暮里校校長

生徒指導室。

ここは魔の空間だ。学院のルールを破った生徒が呼び出され、教師たちからいわゆる「教育的指導」というやつを受ける場所である。

学院長の講話をやめさせてしまった私は、3人の教師からそれを受ける羽目になった。

「向井田！　お前、自分がなにをしたのかわかってるのか!?」

数学教師の渋沢が威勢よく私にどなってきた。コイツは学院長の腰巾着の1人だ。本当は臆病者のくせに権力者に取り入って、その権威を傘に偉そうにしている小物だ。

「はい。わかっています。」

私は自分の怒りを抑えて、冷静に答えた。

「なんだ、その生意気な態度は！」

今度は古文教師の会田が私をどなる。コイツも学院長の取り巻きの1人だ。内臓が悪いのか、タバコを吸いすぎているのか、とにかく口臭がキツイ。しかも不潔なせいで、体臭もかなりひどい。スーツの肩口はいつもフケがかかって白くなっている。

だからコイツが「いとをかし」とか言っても全然風情を感じない。むしろ「いとわろし」だ。自分が臭いことや不潔なことに気がつかないほど鈍感なヤツに、どうして雅《みやび》なことがわかるだろう。

「私は質問にお答えしただけですが、答えることが生意気なのでしょうか？　むしろ答えない方が失礼だと思うのですが。」

あまりに理不尽な対応に怒りで沸騰しそうだったが、なんとか平静を装って私は答えた。

「お前のそういう態度に、問題があるって言ってるんだ！」

今度は化学教師の山岡がどなる。「体調不良で」とか「法事が」とか、なにかと理由をつけては頻繁に授業を自習にして休んでしまう無責任な人間だ。こういう人間は生徒の学習状況がどうなっているかということに興味がないから、簡単に仕事を放棄できる。まったく信用できない教師だ。多分、生徒のことはどうでもいいのだろう。

「私のそういう態度？　どういう態度のことでしょうか。私はつねに冷静にお話をさせていただいておりますが。むしろ、感情的になっていらっしゃる先生がたの方が、態度に問題がおありだと思いますが。」

さすがに、怒りを抑えるのがキツくなってきた。ついついトゲのある言い方になってしまう。

「なんだと!?　お前、自分がなにを言っているのかわかっているのか!?」

渋沢が怒号を飛ばしてきた。さっきと同じフレーズじゃないか。

「ですから、先ほどから私はすべて『わかっている』とお答えしてます。自分がなにをしているのか、なにを言っているのかわからないほどに心神耗弱《しんしんこうじゃく》な状態になっているわけではありません。」

もう我慢がならないので、言ってやる。

「失礼を承知で伺いますが、先生がたは私の行動のどこに非があると思っていらっしゃるのですか？　学院長のお話を中断させたことですか？　それだったら、むしろ先生がたや学院長は私に感謝をしてもよいくらいだと思います。」

「どういう意味だ？」

山岡が尋ねてきた。

「もし、あのまま学院長がお話を続けていたら、おそらくもっと多くの生徒が貧血なり体調不良で倒れたと思います。」

「そんな可能性の話、いまは聞いていない！」

　会田がどなる。生徒指導室の空気が毒素に汚染される。最悪な臭気だ。まるで本人の人間性を象徴しているかのように腐った臭いがする。

「まだ、続きがあります。お話ししない方がよいでしょうか？」

　私は鼻を親指で押さえながら、なるべく腐った臭気を吸わないように話した。

「話せ。」

　渋沢が偉そうにあごをしゃくりながら言った。

　どうして人間はこんなに高圧的になれるのだろう。私よりちょっと早く生まれたってだけの人間なのに。

「もし、そうなった場合、生徒の大多数は学院長へと恨みや敵意を抱くことになります。これまでも同様の出来事がありましたが、学院長は一向に気にされていませんでした。そういう状況を見て生徒たちはみな、学院長は倒れてしまう生徒よりも自分の話の方が大切なのだろうと、思っています。」

「だからと言って、なぜお前に感謝しなきゃならんのだ！」

　山岡が怒鳴る。全然怖くはない。私の心が彼らに屈していないからだろうか。怖いのは本当の自分を押し殺して、彼らに屈してしまうことの方だ。

「これがチャンスだからです。お話を中断させた私が『停学』とか『退学』とかになったら、きっと生徒たちは反対行動を起こします。マスコミに駆け込む生徒だって出てくるかもしれない。」

「マスコミだと!?」

　渋沢が気色ばんで言った。なにかうしろ黒いことがあるのだろう。

「はい。2－Cの延岡先輩のお父さまは出版社にお勤めですし、1－Dの向坂さんのお母様は新聞社のかたです。私の知り合いの親御さんだけでも2人もいらっしゃるので、ほかにももっとたくさんいらっしゃるはずです。どこから話が出るか、わからないくらいですね。」

「お前、脅してるのか？」

　山岡が神経質そうな表情をしながら言った。

「とんでもない。これは提案です。ですから先ほどから『これはチャンスだ』と申しあげているじゃないですか。」

　さあ、乗ってきた。ここでまくし立てる。

「もしここで、学院長が私のことを『不問にする』という大人の度量や態度を見せてくださったら、さらに倒れた紗希に『心配だ』とひと言でもかけてくださったら、『なんて生徒思いの学院長なのだ』という好印象が一気に広まります。まさか生徒指導室で3人の教師に取り囲ませて、どなり散らせという卑小な指示を出していたなんてことは、だれにもわかりません。むしろなんていい学院長だなんて美談がマスコミに取りあげられるかもしれない。」

「卑小な指示だと？」

　会田だ。腐臭が鼻を突く。

「そうじゃないですか？　どうして女子高校生1人に男性教師が3人で取り囲むなんてことをするのですか？　私が暴力をふるったり、暴れたりしたことがありますか？　しかも先ほどから怒号を飛ばして、恫喝《どうかつ》ばかりされていますが、これがA学院の『慈愛に満ちた教育』なんですか？　こんなことを卑小と言わずになんと言えばよいのでしょうか？」

　さあ、一気に攻めるぞ。

「私は、『大人の対応』をしてくだされば、こちらも『大人の対応』をすると言ってるんです。そうでないなら、私は私の持てる限りの力を使って、この『生徒指導室の出来事』をさまざまなチャンネルに流すことになります。あ、向坂さんと私は小学校からの友だちで、おうちに遊びに行ったこともありますし、お母さんとも仲良しですよ。メアドも知ってますし。メール1本でことは足りますが。いかがいたしましょうか？」

　そう言って、私は制服の上着のポケットからスマホを取り出した。メールを打つフリをする。

「まて！　ちょっとまて！　いま、学院長にご相談してくる！」

　渋沢が慌てて私を止めると、生徒指導室から駆け出して行った。

「ちょっと待ってろ。」

　会田と山岡が渋沢に続いて出て行く。そのうしろ姿を見ながら、どうして尊敬できる大人が学校にはいないのだろうと考えていた。

　多分、私の方が正しいからそう感じるのだ。先生たちも昔は正しかったんじゃないだろうか。最初から正しくない人なんていないと思う。大人になっていくと、いつのまにか人間は正しくなくなっていってしまうのだろうか。年を重ねると人の心を感じる力が鈍っていってしまうのか。

　自分は大人になってもそうはなりたくないと強く思いながら、生徒指導室の白い壁をみつめていた。

　この白さも、いずれは黒ずんでいくのだろうか。

問題2

右の図は、AB＝30cm、BC＝40cmの長方形ABCDである。

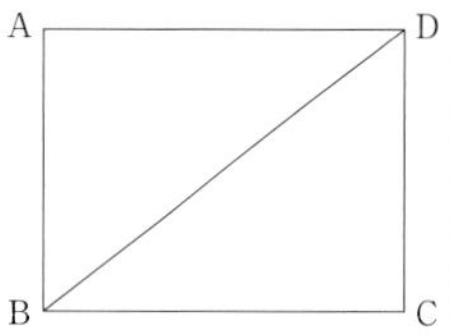

点Pは点Aを出発点とし、辺AD上を点Dに向かって毎秒4cmの速さで進み、点Qは点Bを出発点とし、対角線BD上を点Dに向かって毎秒5cmの速さで進み、点Rは点Cを出発点とし、辺CD上を点Dに向かって毎秒2cmの速さで進む。

3点P、Q、Rはそれぞれの出発点を同時に出発し、点Pが点Dに着いたとき、3点P、Q、Rは同時に止まる。

このとき、次の問いに答えなさい。（県立鎌倉）

(1)　3点P、Q、Rがそれぞれの出発点を同時に出発してから8秒後の四角形PQRDの周の長さを求めなさい。

(2)　四角形PQRDの面積が350cm^2となるのは、3点P、Q、Rがそれぞれの出発点を同時に出発してから何秒後かを求めなさい。

＜考え方＞

つねにPQ//DRとなることに気付くと解きやすくなります。

＜解き方＞

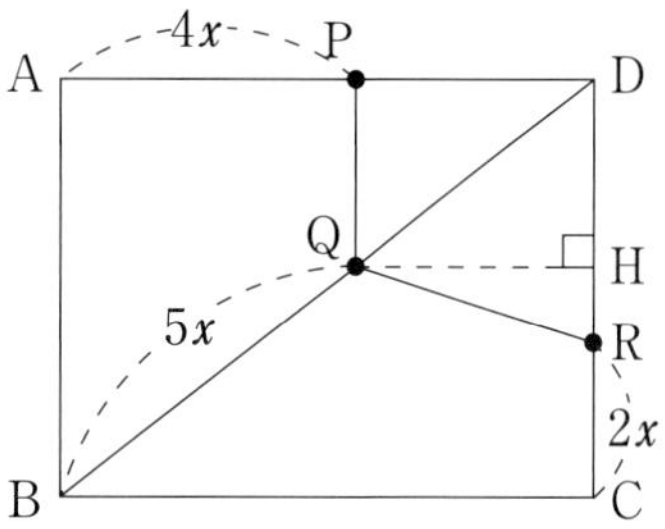

(1)　x秒後のP、Q、Rの位置は右図のようになる。三平方の定理よりBD＝50cmであり、PD、QDの長さは、それぞれ（$40-4x$）cm、（$50-5x$）cm。これより、PD：QD＝4：5だから△PQD∽△ABD。よって、PQ//ABだから四角形PQRDはPQ//DRの台形である。

$x=8$のとき、PD＝8cm、PQ＝6cm。

さらに、DR＝14cm、DH＝6cmより、HR＝8cmだから、△QRHは直角二等辺三角形となり、QR＝$8\sqrt{2}$cm

以上より、8秒後の四角形PQRDの周の長さは、**($28+8\sqrt{2}$)**cm

(2)　x秒後の台形の面積をSとすると、PQ＝$\frac{3}{4}$PD＝$30-3x$(cm）だから、

$S=\frac{1}{2}(30-3x+30-2x)(40-4x)=10(12-x)(10-x)$

よって、S＝350のとき、$10(12-x)(10-x)=350$が成り立つ。

これを整理して、$x^2-22x+85=0$

これを解いて、$x=5$、17

$x\leqq10$より$x=17$は適さない。よって、四角形PQRDの面積が350cm^2となるのは**5秒後**。

立体の辺上を点が動く問題も見ておきましょう。ここでも、問題2と同様に、線分の長さをxを用いて表していくことが基本です。

問題3

右の図に示した立体ABC－DEFは、AB＝BC＝CA＝6cm、AD＝24cmの正三角柱である。

点Pは、頂点Dを出発し、辺DA上を毎秒1cmの速さで動き、24秒後に頂点Aに到着し、止まる。

点Qは、点Pが頂点Dを出発するのと同時に頂点Eを出発し、辺EB上を毎秒2cmの速さで動き、12秒後に頂点Bに到着し、止まる。

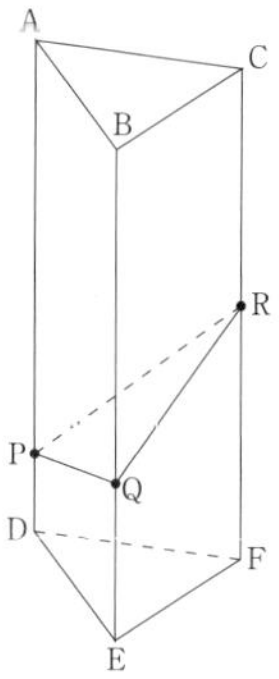

点Rは、点Pが頂点Dを出発するのと同時に頂点Cを出発し、辺CF上を毎秒3cmの速さで動き、8秒後に頂点Fに到着し、止まる。

点Pと点Q、点Qと点R、点Rと点Pをそれぞれ結ぶ。

点Pが頂点Dを出発してからの時間をx秒とするとき、次の各問に答えよ。（都立日比谷）

(1)　EF//QRとなるとき、xの値を求めよ。

(2)　$x=6$のとき、△PQRの面積は何cm^2か。

＜解き方＞

(1)　EF//QRとなるとき四角形EFRQは長方形だから、QE＝RF

よって、$2x=24-3x$

これより、$x=\mathbf{\frac{24}{5}}$

図1

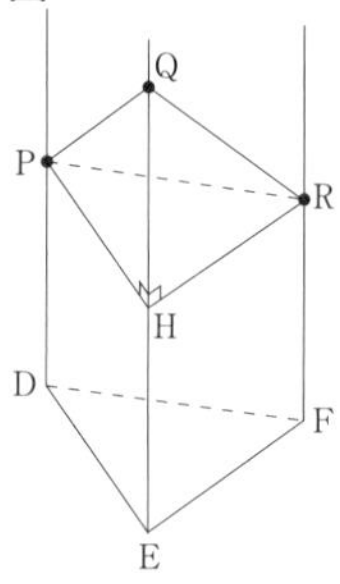

図2

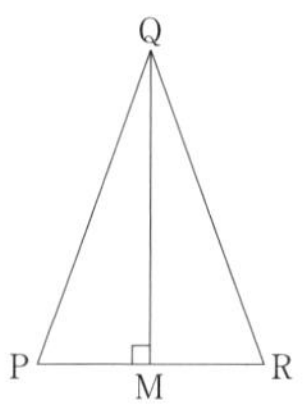

(2)　$x=6$のとき、PD＝6、RF＝24－3×6＝6

よって、PD＝RFより四角形DFRPは長方形だから、PR＝DF＝6　また、QE＝12である。

図1のように辺BE上にHE＝6となるように点Hをとると、△QPHおよび△QRHはPH＝QH＝RH＝6より等辺が6cmの直角二等辺三角形だから、QP＝QR＝$6\sqrt{2}$cm

よって、△PQRは図2のような二等辺三角形だからPRの中点をMとすると、三平方の定理より、

QM＝$\sqrt{(6\sqrt{2})^2-3^2}=3\sqrt{7}$(cm)

よって、△PQR＝$\frac{1}{2}\times6\times3\sqrt{7}=\mathbf{9\sqrt{7}}$($cm^2$)

以上の3問からもわかるように、点の移動に関する問題は、問題文が長くなるのが一般的です。ですから、問題をよく読み、条件を整理することが大切で、とくに出発点、到着点をしっかり確認しておかなければいけません。このときに、各頂点に到着する時間を書き込んでおくとよいでしょう。また、比較的似た問題が多いので、時間をxとして線分の長さをxで表す練習を積んでおくと、かなりの問題に応用が利くでしょう。

数学

楽しみmath 数学！DX

点の移動に関する問題

登木 隆司先生
早稲田アカデミー　城北ブロック ブロック長
兼 池袋校校長

今月は、点の移動に関する問題を学習していきます。

はじめに、長方形の辺上を２つの点が動く問題です。点Qがやや複雑な動きをしますから、条件をしっかり頭に入れてから解き進めることが大切です。

問題１

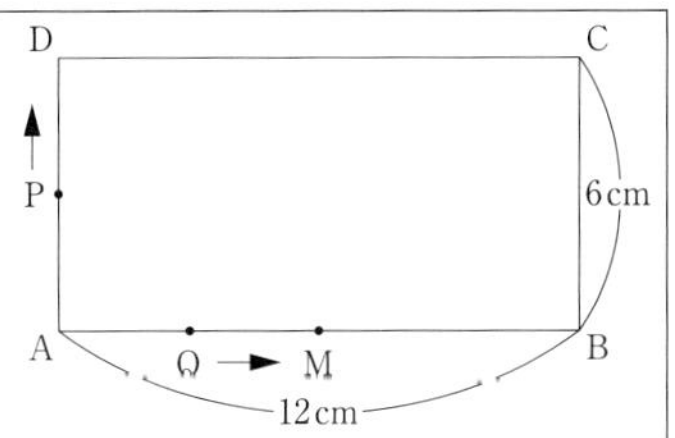

図のように、AB＝12cm、BC＝6cmの長方形ABCDがあり、辺ABの中点をMとする。

点PはAを出発し、長方形ABCDの辺上を毎秒2cmの速さでA→D→C→Bの順に進む。

点Qは点Pが出発すると同時にAを出発し、辺AB上を毎秒2cmの速さでAからMへ進み、Mに着いたらt秒間停止する。その後、点Qは毎秒 a cmの速さでMからBへ進む。

このとき、点PはCに、点QはBに同時に着く。点Qはそこで停止し、点Pはその後Bまで進んで停止する。

次の問いに答えなさい。（栃木県）

(1)　点PがAを出発してから１秒後の△APQの面積を求めなさい。

(2)　右のグラフは、点QがMで4秒間停止したとき、2点P、QがAを出発してから x 秒後の△APQの面積を y cm^{2}として、xとyの関係を表したものである。ただし、2点P、Qが一致するとき、$y＝0$とする。

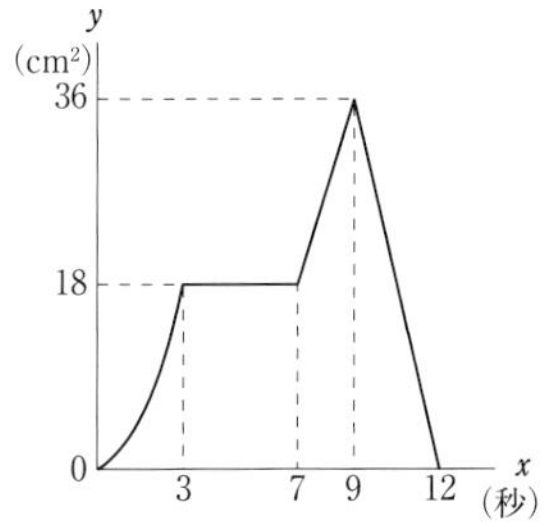

①点QがMからBへ進む速さは毎秒何cmか。

②点Pが辺CB上にあるとき、△APQの面積が12cm^{2}になるのは、点PがAを出発してから何秒後か。

<考え方>

(3)においても、点PはCに、点QはBに同時に着くという条件が生きています。

<解き方>

(1) 1秒後の△APQは、等辺が2cmの直角二等辺三角形だから、$\frac{2\times2\times1}{2}$＝**2**(cm^2)

(2)①　グラフより点Qは7秒から9秒でMB間を移動したので、6÷2＝**3**(cm／秒)

②　点Pが辺CB上にあるのは、$9\leqq x\leqq12$の範囲であり、このときyは毎秒12cm^{2}ずつ減少しているので、

9＋(36－12)÷12＝**11**(秒後)

次は、長方形の辺および対角線上を３つの点が動く問題で、点移動の典型的な問題といえるでしょう。x秒後の各線分の長さをxを用いて表していきます。

WASE-ACA TEACHERS

英語

ニュースな言葉

Ishikawa's 10th victory

川村 宏一先生

早稲田アカデミー　教務部中学課　上席専門職

Ishikawa's 10th victory on the Japan Tour Cup made him the youngest player that registered the record.

幅広い世代から人気のあるプロゴルファー、石川遼選手に関するニュース英文です。2012年11月、彼は史上最年少でのツアー通算10勝をあげました。

今回の文法のポイントは、基礎中の基礎である「文型」です。英文は原則的に主語（S）、述語動詞（V）、目的語（O）、補語（C）といった要素を組み合わせることで成り立ちます。そのうち（V）の意味や性質に着目して分類すると、基本的に5つの型に分けられます。それがいわゆる「5文型」です。

では、英文を読解してみましょう。'Ishikawa's 10th victory on the Japan Tour Cup'という長い部分が（S）、'made'が（V）です。'make'には自動詞と他動詞両方の意味がありますが、今回用いられている'made'は、目的語（O）を必要とする他動詞です。では、（O）はどれかというと、すぐうしろにある'him'です。さらにそのあとに'the youngest player'という名詞句が続いていますから、ここでこの英文は第4文型＜S＋V＋O（人）＋O（物）＞と第5文型＜S＋V＋O｜C＞のどちらかだとわかります。しかし、名詞や名詞句は（O）にも（C）にもなり得るので、単純に品詞だけで判断はできません。この場合意味を考える必要があります。試しに第4文型で英文を直訳してみると「ジャパンツアーにおける石川選手の10勝目は、彼に記録を残す最も若いプレイヤーを作りました」と、奇妙な意味になってしまいます。

というわけで、'the youngest player'は（C）の補語と捉えるべきでしょう。補語とは、文中の主語または目的語について補足説明をする語句のことで、名詞や形容詞がなり得ます。第5文型において、（O）の説明をするのが（C）であり、そこでは（O）＝（C）という関係が成り立ちます。ここでは目的語'him（石川選手）'＝補語'the youngest player'ということですね。というわけで、この英文は第5文型でした。今回のように、形からだけでは第4文型か第5文型か判断しづらい文があることを覚えておいてください。

それでは、正しく英文を訳してみましょう。

Ishikawa's 10th victory on the Japan Tour Cup／（ジャパンツアーにおける石川選手の10勝目は）／made him the youngest player that registered the record.／（彼を最も若い記録を残すプレイヤーにした）

この'made'は「作った」とは訳しません。'make'が補語をとるときは、「～を…の状態にする」という意味になります。5文型をしっかり身につけることは、文章読解や英作文はもちろん、文整序問題や適語変形問題などにも対応できる力につながります。基礎中の基礎だからこそおろそかにせず、確実なものにしておきましょう！

something extra

例文にある'that registered the record'は'the youngest player'を修飾する形容詞句ですが、なかなか訳しにくい表現です。その理由は'register'も'record'も記録（する）、登録（する）という似た意味があるからです。ただし、'register'は正式な記録・登録というニュアンスがあるのに対して、'record'は長く保存するための記録・登録というニュアンスがあるようです。お店に置かれているレジは'register'から来た言葉で、'cash register'とも言います。金銭（代金）を正式に登録し、記録として残す機器という意味です。これに対して、例えば'world record'といえば記録が更新されるまでの長い期間保存される世界記録ということになります。

教えて！マナビー先生

プロフィール

日本の某大学院を卒業後海外で研究者として働いていたが、和食が恋しくなり帰国。しかし科学に関する本を読んでいると食事をすることすら忘れてしまうという、自他ともに認める"科学オタク"。

世界の先端技術

SSB サハラソーラーブリーダー計画

砂漠自体を資源にして砂漠にメガソーラーを

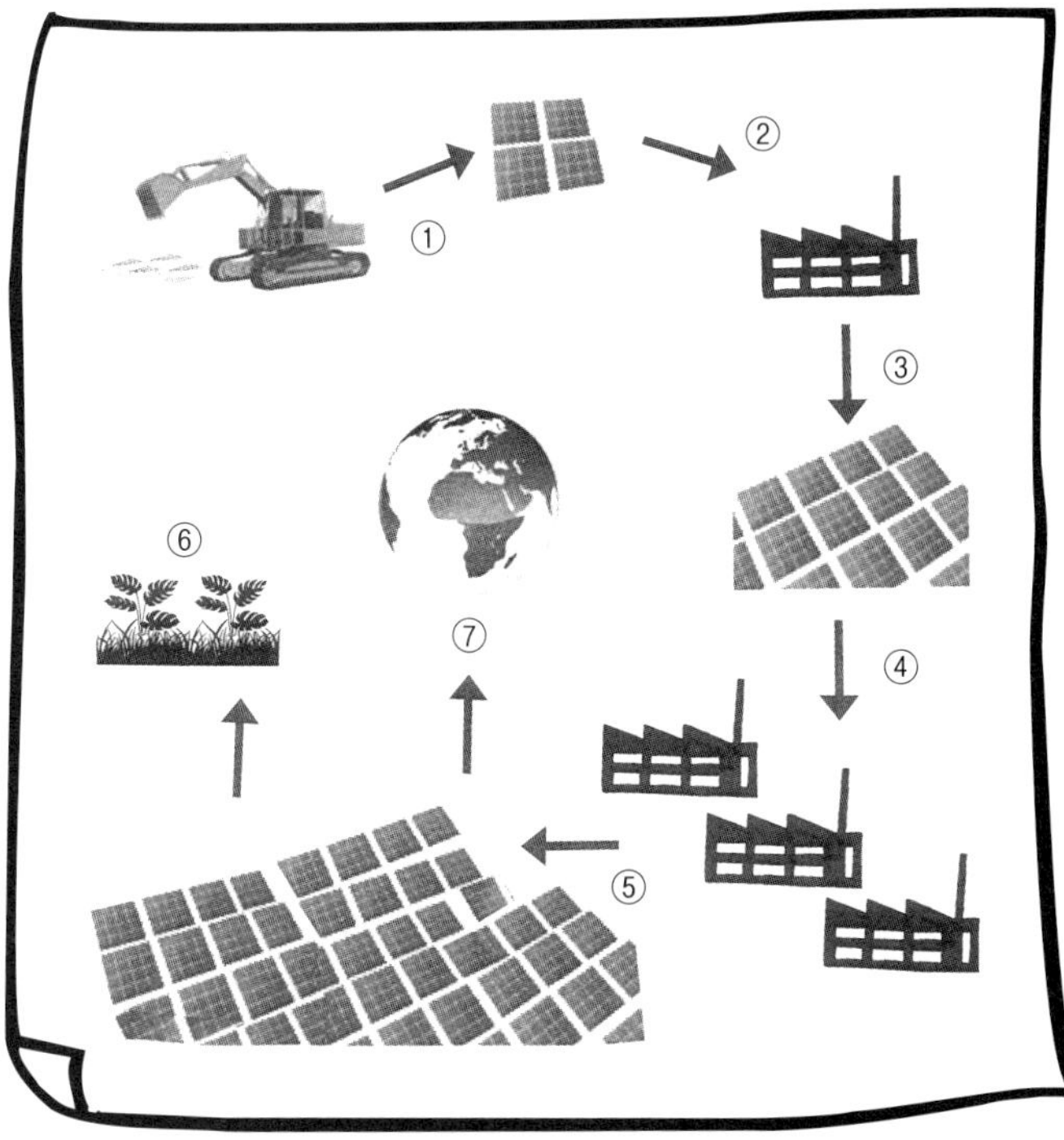

①砂漠の砂からシリカを採取して太陽パネルを作る　②その電力で太陽電池工場を作る　③太陽電池パネルを増殖する　④その電力で太陽電池増殖プラントを作る　⑤メガソーラー発電所を作る　⑥その電力で淡水化プラントを作り砂漠緑化を図る　⑦サハラ発の電力を高温超電導ケーブルを使って各国に供給する

太陽光発電に重要な太陽がギラギラと照りつけている場所ってどんなところだろうか。想像してほしい。砂漠が思い浮かばないだろうか。

今回紹介するのは、そんな砂漠地帯ならではの発想で計画されているSSB（サハラソーラーブリーダー計画：Sahara Solar Breeder Foundation）だ。

SSBは東京大学の化学者、鯉沼秀臣教授のグループが計画し、現在アルジェリアなどサハラ砂漠周辺の国々と共同して開発を進めようとしている一大プロジェクトだ。雲１つなく照りつける太陽の光を利用して発電を行い、その電力を利用して海水の淡水化を行い、砂漠の緑化までをめざそうという壮大な計画なのだ。

この計画のおもしろい点はそれだけじゃない。太陽光発電には太陽電池が必要だが、太陽電池はかなり高価。太陽電池を安く作らなければ、メガソーラー発電所（大規模太陽光発電施設）を作るコストが高くなってしまう。そこでサハラ砂漠に大量にある砂から太陽電池の材料になるシリカを安価に作ろうというのだ。不毛で、砂だけしかないと思っていた砂漠のその砂を材料にする発想がすごいよね。

現在行われている方法よりも効率的に砂から太陽電池のもとを作ることができるよう、いま熱心に研究が進められている。

発電した電力は、砂漠がある国での消費だけでなくヨーロッパに送電し利用しようと計画している。送電線が長くなると電力損失が大きくなるので、損失の少ない高温超電導ケーブルを使って遠くまで送電できるようにする予定だ。

太陽光発電の短所は、太陽が沈んでしまったあとは電力が供給できないということなんだけど、新しい送電方法が実現すると、地球上のどこか昼間の地域で発電した電力を使うことができるようになる。

まだまだ研究開発しなければならないことはいっぱいあるけれど、サハラ周辺の国々と日本の技術で協力して計画が実現できるといいよね。

世界には砂漠がいたるところにある。この技術が確立すればそれらの地域でも活用できそうだ。君たちが大人になって活躍している2050年ごろには、こうして砂漠で発電した電気を使っているかもしれないね。

か両立させて、見事に第1志望校だった早大に合格しています。

もう1つ確認しておくべき点は、高校入試という試験を経てその高校に入学している以上、高校入学時点での学力は、小学校や中学校のものと比べると、極めて差が小さい、ということです。高校入学時点では団子状態だった生徒たちが、新しい単元を学ぶたびにふるいにかけられて、成績の階層が形成されていく。それが固定観念となり、ThirtiesはつねにThirtiesであって、Twentiesやその上の上位陣には勝てないのが当然、という思考になってしまうのです。この思考が形成される根源をたどれば、恐らく、高1の1学期、2学期の試験に行き着くはずです。そこでの成績が、自分の標準的な立ち位置となり、その位置で成績を維持することが、試験における最低限の目標となってしまうのです。

（※この章で取りあげたThirtiesという呼称は、この高校固有のものであって、一般的な語ではありません。みなさんが進学される高校それぞれにまた、固有の用語があるかもしれませんね。）

中3と高3の最上位層を同時に教える講師として

自己紹介のところでも書きましたが、私は、中3と高3の最上位層の生徒たちの受験に携わっています。そして、例年思うことですが、やはり早稲田アカデミーの中3生が学習している内容はかなりレベルが高いのです。毎回の開成国立必勝TKクラスで実施している確認テストの問題を見返してみると、文法問題、同意語、ことわざの空所補充など、かなりの難問がそろっています。当然、中3TK生にとっては、宿題範囲から出題されたものなのでできて当然なのですが、はたして東大必勝生にいきなりこれらの問題を解かせたらどうなるのでしょうか。私の主観では、恐らく平均70～80点が関の山のような気がします。大学入試の英語で問われる知識が、高校入試におけるそれとは若干異なっているのも大きな要因となるでしょうが、それを差し引いても、やはり早稲田アカデミーで高校入試を戦っているみなさんは、ほかの受験生と比較して、相当にたくましく鍛えられていると感じます。それは必勝TKクラスに限ったことではなく、RクラスからTクラスまですべてのクラスに当てはまります。ぜひ、これまで習ったことを定着させて、目前に迫った高校入試に挑んでください。

ホットのお茶を冷まさないために

最後に、冒頭に登場したホットのお茶をもう一度取り上げましょう。駅の自動販売機で購入したときは、手で持てないくらい熱々だったのに、時間が経つと残念なぐらいに冷めてしまった、あのお茶です。このお茶に込められた寓《ぐう》意《い》に気づいてもらえたでしょうか？

そう、このお茶こそがみなさんなのです。高校入試目前のこの時期、みなさんは日々猛烈に勉強をして、さまざまな知識を詰め込んで、熱々の状態です。知識は短期間には消滅しないので、高校入試が終わってもしばらくの間はこの状態が続くでしょう。でもホットなお茶もなにもしなければどんどん熱が逃げ、最終的には残念なほどに冷たくなるのです。では温度を維持するにはどうすればよいのでしょうか？　答えは、①熱を逃がさないようにする、もしくは②熱を与え続ける、の2つしかありません。実際のお茶であれば①でしょう。その機能を果たすのが魔法瓶ということになります。ただし、知識や学力の流出を防ぐ「魔法」は存在しません。いま持っている知識をなにもせずに3年間保存することは不可能です。であれば答えは自ずと②になります。そう、学力が落ちない程度にちゃんと勉強を継続する、ということです。

高校に入学すると、中学生のとき以上に部活が活発になったり、学校行事にかける時間が長くなったりします。いまみなさんがやっている受験勉強のような膨大な勉強量を確保することは不可能でしょう。だからといって、なにもしなくていいはずはありません。これまでの努力を失わないために、少しでも熱を維持するために、みなさんの支えになるのが私たちSuccess18の役目です。今年度末からは、御茶ノ水にもSuccess18が開校して、より多くの高校からSuccess18各校舎へと通いやすくなりました。高校進学が決まったら、ぜひ、みなさんが通いやすいSuccess18を見つけて門を叩いてみてください。そこからまた、新しい高校生活が始まります。憧れの大学へ、いっしょに歩き始めましょう。

おわりに

Success18のトップ講師たちによる連載記事はいかがでしたでしょうか？　これから先の未来に向けた、新しい勉強への視点と姿勢を提示してもらいました。15歳の春を勝ち取るための高校入試は、これからです。精一杯の努力にて、最後の最後まで戦い抜いてください。そして、高校入試が終わったときに、これからの生きる道に思いを馳せて、今回の全4回の連載記事を思い出してください。私たちはSuccess18で待っています。高校生となったみなさんの新しいステージを大学受験という枠組みのなかでサポートします。

梁山泊はかく語りき

英数国の担当責任者が各科目への新しい向き合い方を伝授します。

久津輪 直先生

**早稲田アカデミーサクセス18ブロック
副ブロック長
兼　Success18渋谷校校長**

開成・早慶附属高校合格者を多数輩出してきた早稲田アカデミー中学部が誇る、傑出した英語教師。綿密な学習計画立案と学習指導、他科目講師とチームとなって連携指導する卓越した統率力は、高校部門Success18校長として着任後も、遺憾なく発揮。2011年春の入試では、渋谷１校舎約130名の高３生から、東大22名、早慶上智大97名という歴史的快挙を達成。週末は、現役の開成必勝担当者として、その辣腕をふるっている。

加藤寛士先生
英語科

Success18日曜講座である東大必勝講座・国立大必勝講座にて英語を担当。平日はSuccess18新百合ヶ丘校にて、校長として、そして英語講師として、生徒を叱咤激励している。受験界のあらゆる情報を得ようとする貪欲な姿勢の持ち主であり、その情報をもとに練られる学習指導・進路指導はたくさんの受験生たちを志望校合格に導いてきた。生徒からの信頼が非常に厚く、入試直前となると相談に来る生徒が連日あとを絶たない。また、高校入試の日曜講座である開成必勝講座にも登場し、高校入試・大学入試において将来の東大生を育てている。

はじめに

こんにちは。早稲田アカデミー高校部門Success18の久津輪直です。早いもので今回で４回目の連載となり最終回です。そして、新しい時代を迎え、みなさんにとっては高校受験、高校進学とここからの数カ月でめまぐるしく環境が変わります。今回はその数カ月ののちのお話です。

はじめまして、Success18英語科の加藤寛士です。新百合ヶ丘校の校舎の校長として中３から高３まで全学年の英語を担当しているのと同時に、日曜日の必勝コースでは東大必勝コースと国立大必勝コース、そして中３の開成国立必勝５科TKクラスを担当しています。これまで英語科の田中先生、数学科の白濱先生、国語科の古居先生という、各科目のエキスパートたちから興味深い話をしてもらってきました。さて、最終回の私は、少し視点を変えて、目前に迫った高校入試の、その少し先の世界をみなさんにご紹介したいと思います。そう、高校生になったら、の話です。

ホットな飲み物が恋しい時期

冬真っ盛りのこの時期、中学校の登下校時や、塾への行き帰りのときには温かい飲み物がほしくなりますよね。とくに必勝の授業のために朝早くから塾に行くときなどは、自動販売機で温かい飲み物を買っていく人も多いのではないでしょうか。かく言う私も、この時期の通勤の際、よく駅の自動販売機で温かいお茶を購入します。でも全部飲みきれずに、カバンに入れたまま電車に乗り込み、半分ほど中身が残ったまま目的地に到着、なんてことがよくあります。電車を降りて、寒空の下を校舎まで向かう道の途中で、カバンのなかのお茶のことを思い出すのですが、取り出してみるともう冷えてしまっている…。こんな経験をよくします。みなさんはどうですか？　「魔法瓶を持ち歩けばいいじゃないか」という至極もっともな指摘が聞こえてくる気がしますね。そもそも、「高校生活の話とは全然関係ないじゃないか」という指摘すら聞こえてきそうですので、そろそろ、高校生活の話へと入りましょう。

Thirties

東大現役合格者も輩出するような、有名公立高校に通う生徒の話を紹介しましょう。高２の２学期中間試験の結果が振るわなかった彼女との面談で、次の試験に向けた目標を決めようとしていた私は、「次のテストでは、得意な英語と社会だけはクラスの10番以内に入ろう」と言いました。そのときの彼女の返答がこういうものでした。「先生、それは無理ですよ。だって私、Thirtiesなんですから。」

みなさんにはなんのことかわかりますか？　彼女の通う学校では、試験の結果が１枚の成績表になって返却されるのですが、その成績表には、各科目の点数とそのクラス内順位、さらには全科目合計のクラス内順位まで載っています。そう、彼女の言っていたThirtiesというのはそのクラス内順位が「30番台」ということだったのです。

ここでまず、確認しておくべき点は、彼女は高１の間、部活やそのほかの楽しい女子高生ライフを一生懸命頑張った結果、勉強がおろそかになってしまい、そういった成績帯に位置してしまったという事実です。ちなみに、高２に入って危機意識を持った彼女は、早稲田アカデミーの卒業生だったこともあり、Success18を頼ってくれました。その後、高２からは部活の部長もやりながら勉強をなんと

みんなの数学広場

問題編

答えは次のページ

TEXT BY　かずはじめ

数学を子どもたちに、楽しく、わかりやすく、
使ってもらえるように日夜研究している。
好きな言葉は、"笑う門には福来る"。

初級～上級までの各問題に生徒たちが答えています。
どの生徒が正しい答えを言っているか当ててみよう。
もちろん、当てずっぽうじゃなく、実際に問題を解いてみてね。

上級

Vを4面体とし、6辺の1つをℓとする。ℓの端点をI,Jとする。Vの頂点でℓの端点でないものをP,Qとし、PQの中点をCとする。さらにPIとPJの中点をそれぞれA,Bとし、QIとQJの中点をそれぞれD,Eとする。このとき三角形ABP,CDE,四角形ABED,PADC,PBECで囲まれる三角柱の体積が6であれば、Vの体積は?

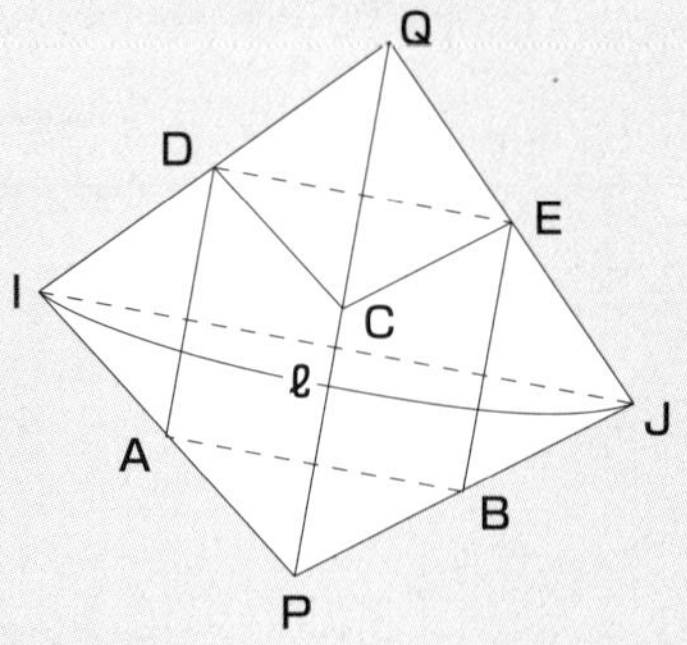

自分を育てる、世界を拓く。

■ 2013年度 入試要項

	推薦入試	一般入試
募集人員	男子25名　女子25名	男女 70名
試験日	1月22日(火)	2月11日(月・祝)
試験科目	基礎学力調査(国数英社理)・面接	国語・数学・英語・面接
合格発表	1月23日(水)	2月13日(水)

学校見学は随時受け付けております。
ご希望の方は、お電話でご連絡下さい。

中央大学高等学校
〒112-8551 東京都文京区春日1-13-27　☎03(3814)5275(代)
http://www.cu-hs.chuo-u.ac.jp/

中級

彼(ディオファントス)は人生の$\frac{1}{6}$を少年として、$\frac{1}{12}$をヒゲを生やした青年として過ごした。さらに$\frac{1}{7}$を経て結婚し、5年後に息子に恵まれた。ところが、息子の寿命は彼の半分でしかなかった。息子に先立たれたディオファントスは生涯の残りの4年間を悲しみを癒して過ごした。彼は何年生きただろうか?

A
x年生きたとして全部足して計算するんだよ。
答え 84年
B
Aさんの84年に残りの4年を足すんだよ。
答え 88年
C
結婚から子どもが生まれるまでの5年間をBさんも忘れてるよ。
答え 93年

初級

幾何学で有名なユークリッド。

彼は紀元前の人で、幾何学の教科書“エレメント”を書きました。

これは現在もなお使われています。

彼の幾何学の講義中に、ある青年が、「先生、こんな難しいことを勉強してなんの得があるのですか?」と聞きました。

さて、これを聞いたユークリッドが行ったことは?

A
下男を呼んで、お金を青年に渡すように命じた。
答え お金をあげた
B
下男を呼んで、青年を別室に閉じ込めるよう命じた。
答え 閉じこめた
C
下男を呼んで、街に買い物に行かせるよう命じた。
答え 買い物に行かせた

みんなの数学広場

解答編

上級

正解は　答え **B**

じつは、これは慶應大学の2011年の入試問題でした。大学受験の数学の問題なんです。
難しかった？　よく考えてみるとみなさんにもできるものです。

まず全体の4面体Vの体積を1とすると

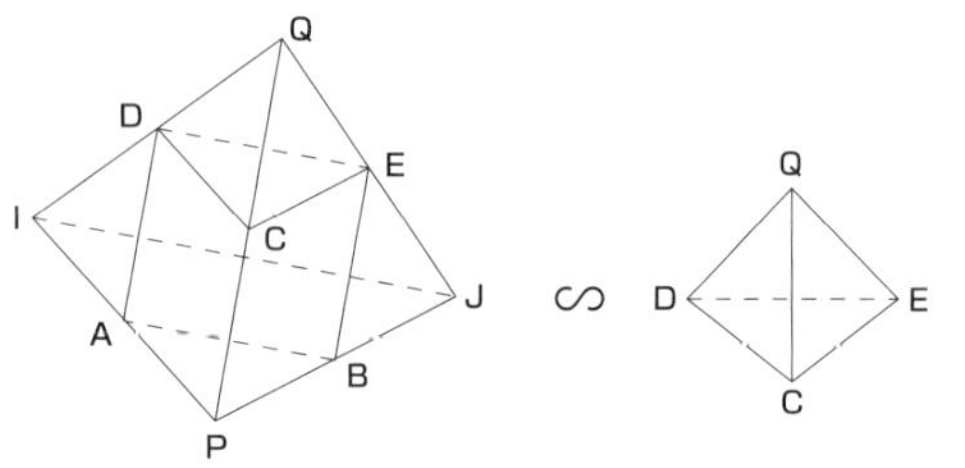

上の2つの4面体は相似です。
相似比は2:1なので体積比は$2^3:1^3=8:1$
つまり右上の4面体QDCEの体積は$\frac{1}{8}$
次に△QIP，△QPJ，△QIJ、△PIJに
中点連結定理を用いると

$DC=\frac{1}{2}IP=AP$

$CE=\frac{1}{2}PJ=PB$

$DE=\frac{1}{2}IJ=AB$

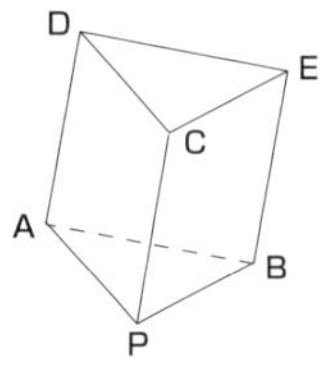

よって三角柱CDE−PABは上面と底面が平行。
つまり△CDE//△PABの三角柱となります。

さて、三角柱CDE−PABと
三角すいQ-CDEの高さは同じであり、
△CDEが共通なので
三角柱CDE−PABの体積は
三角すいQ−CDEの3倍になります。
（三角すいQ−CDEの体積は
△CDE×高さ×$\frac{1}{3}$）
これにより、三角柱CDE−PABの体積は
Vの$\frac{1}{8}\times3=\frac{3}{8}$倍
よって（Vの体積）×$\frac{3}{8}$=6なので
Vの体積は16。

A

ちょうど2倍になる
根拠はなんなんでしょうか。

B

C

相似に着目するなら体積比は3乗に
なることがわかるはずです。

中級

正解は　答え **A**

彼がx年生きたとすると

少年… $\frac{1}{6}x$

青年… $\frac{1}{12}x$

↓ $\frac{1}{7}x$

結婚

↓ 5年

息子誕生

↓ $\frac{1}{2}x$

息子を亡くす

↓ 4年

死去

$$\frac{1}{6}x+\frac{1}{12}x+\frac{1}{7}x+5+\frac{1}{2}x+4=x$$

両辺を84倍すると

$$14x+7x+12x+84\times9+42x=84x$$

$$75x+84\times9=84x$$

$$9x=84\times9$$

$$x=84$$

A

B

ちゃんと最後の4年を
足して計算していますよ。

C

整数の部分に
騙されてはいけません!

初級

正解は　答え **A**

下男を呼んで、「この人に3ペンスおやり。この人は、学問をしたらすぐ得をしなければならないと思っているようだから」と言ったそうです。

勉強はすぐに得をするものではありません。自分のためにすることですからね!

A

B

別に悪いことをしたわけじゃ
ないんですよ。

C

買い物に行ってどうするんですか?

先輩に聞け！

大学ナビゲーター

慶應義塾大学

大学院理工学研究科

物理情報システム専修 修士1年

中村《なかむら》 哲朗《てつろう》さん

世界中どこにもない物質を作り出せるところがおもしろい

解明されていない分野だからこそやりがいがある

——慶應大の理工学部に入学したきっかけを教えてください。

「中学のころから数学が得意で、理系に進もうと考えていました。高3になり物理が好きになって、大学では理工学部でもっと好きなことを勉強したいと思いました。早大の理工学部と迷いましたが、どこの大学に入学するかよりも、進んだ先でなにをするかが大切だと考え、自宅から通いやすい慶應大の理工学部に入学しました。そしていまは慶應大の大学院で研究をしています。」

——大学院ではどのような研究生活を送っていますか。

「私が専攻しているのは物性物理学といって、物質の性質に関する学問です。私の研究室は、各自で研究室に行き、研究装置を使って実験などを行う自由な雰囲気です。毎週月曜日には、研究の進ちょく状況の報告や、最新の結果についての論文を読んで、同じ研究室の仲間と発表しあっています。」

——研究の内容について教えてください。

「超伝導体について研究しています。超伝導体とは、電気を流しても熱をまったく発生しない物質のことです。発熱しないのでエネルギー消費が少なく、エネルギー問題を解決するものとして期待されています。昔からエネルギー問題に関心があり、超伝導体は企業や民間では扱いづらいテーマだということから、大学でしかできないことだと思いこの研究室を選びました。

　私がおもに行っていることは、できた物質がどうして超伝導状態になったのかをメスバウアー分光法という方法などを用いてさまざまな視点から調べ、そのメカニズムを解明することです。京大の同じ分野の研究室と協力して、こちらで作った物質を向こうにある装置で計測してもらうこともあります。超伝導はまだ解明されていないことが多い分野なので、やりがいがあります。」

——研究の成果を発表する場はありますか。

「毎年夏には、国際磁気学会という世界中から研究者が集まる研究発表会がありま

昨年韓国で行われた国際磁気学会での様子

慶應大でのキャンパスライフを仲間と楽しむ中村さん

1 高校受験について

中学は野球部に所属していたので、本格的に受験勉強を始めたのは部活を引退した高３の夏以降です。それまでは朝から夜まで練習があって、部活に打ち込んでいました。

それが、引退すると同時になにもすることがなくなってしまって、勉強するしかない、という感じで放課後はずっと塾の自習室にこもって勉強するようになりました。それまで野球に打ち込んでいたからこそ、切り替えることができたと思います。なにもしていなかったら、暇な時間も暇と感じることはできませんでした。

2 得意科目と不得意科目

中学のころ、数学が得意で国語が苦手でした。数学は演習問題を解く以外にも、中学生向けの数学の本も好きでよく読んでいました。それでさらに得意になりました。素数の不思議だとか、そういう本が昔から好きでしたね。それはいまにもつながっていると思います。

国語はあまりに苦手で、簡単な文章を読むことから始めようと、中３のときに絵本を読んでみたのですが、塾の先生から意味がないと言われました(笑)。その分得意な数学で補っていました。

3 いまに活きている中高の勉強

大学の勉強は、専門的になる分、狭い分野の勉強になります。だから、中学・高校の間にたくさんのことを幅広く勉強しておくことをおすすめします。具体的にそのころ勉強したどの知識が役に立ったとかではなく、例えば研究においてなにか新しいアイデアを出すときも、幅広い知識がある人の方がいいアイデアを考えます。研究をするにも、仕事をするにも、幅広い知識が大事だと思います。

4 読者へのメッセージ

好きなことがあれば、それに打ちこんでほしいです。私は野球に打ちこむことで集中力を養うことができたと感じています。受験勉強にも集中力が大事です。また、集中力は受験勉強だけじゃなく、将来なにをするにも必要となります。ぼくの周りで勉強がよくできる人は、勉強だけでなく、ほかのこともできる人が多いです。いろんなことに挑戦するといいと思います。

す。これが1年で1番大きな発表の場です。それに参加するため、2012年は韓国まで行きました。ポスターを作成し、それを使って発表します。発表の内容は、『鉄をベースとした物質が強磁性臨界点を有している』ということについてです。簡単に説明すると、強磁性臨界点とは温度が0のときに物質が磁石の性質を失う点のことです。その付近での物質の状態を調べることが、超伝導状態の解明につながるだろうと期待されています。」

——研究をするにあたり心がけていることはなんですか。

「知識をつけるだけではなく、それを自分のなかでつなげて考えることと、そのために集中することです。論文を読むにしろ、実験をするにしろ、集中していないと表面だけをなぞることになって、いろいろなことがつながっていきません。研究は、１つの視点だけではデータの解釈ができず、いろいろな視点から見て新しい解釈ができます。勉強も同じで、集中して得た知識を別の知識と結びつけて考えることが大切だと思います。」

——中村さんが取り組む研究の醍醐味はなんですか。

「いろいろな元素の組み合わせは無限にあります。組み合わせ次第ではまったく新しい物質ができるので、世界中どこにもない物質を自分で作り出せるところがおもしろいです。

超伝導体の研究は歴史が浅く、簡単には実験できないため、調べられている物質はまだほんの一部です。もしかしたら明日にでも、できた物質がすばらしい超伝導体の解明につながるかもしれない、という期待があります。」

——将来の目標を教えてください。

「将来はエネルギー問題に取り組むプロジェクトを、企業のなかでマネジメントしたいと考えています。研究となると、狭い視野になりがちですが、そうではなく、広い視野を持ち、いろいろな分野の研究を総合しながらマネジメントしていきたいです。」

中村さんが研究を行っている矢上キャンパス

頭をよくする健康

by FUMIYO
ナースでありママでありいつも元気なFUMIYOがみなさんを元気にします!

今月のテーマ　インフルエンザ

ハロー！　FUMIYOです。外の空気は冷たくなり、コートが手放せない季節になりました。受験生のみなさんにとっては、この１年間、勉強してきたことの総まとめの時期ですね。冬は風邪やインフルエンザが心配な季節です。とくにインフルエンザが流行するこの時期は、予防することが一番大切です。ということで、今月のテーマは「インフルエンザ」です。

インフルエンザはどのくらい昔からあるのでしょうか？　ヨーロッパの最も古い記載によると、紀元前412年ごろのようです。11世紀には、明らかにインフルエンザの流行を推測させる記録が残っており、16世紀には、すでに“インフルエンザ”と呼ばれていました。日本でも、平安時代にインフルエンザの流行をうかがわせる記載があり、江戸時代には『はやり病』と呼ばれていたとか。こう見ると、インフルエンザは昔から人々を脅かしていた病気なんですね。

では、インフルエンザのウィルスって、どんなウィルスなのでしょうか？　ウィルスとは簡単に言うと、光学顕微鏡などでは見ることができない、細菌濾《ろ》過《か》器を通してしまう病原体です。インフルエンザウィルスは、低温、乾燥を好みます。つまり、日本の冬はウィルスにとって最高の季節なのです。インフルエンザは飛《ひ》沫《まつ》感染なので、くしゃみやせきによってウィルスが空気中に漂い、それを吸い込むことで感染してしまいます。風邪とは異なり、急に38～40℃の高熱が出て、さらに倦怠感、筋肉痛などの激しい全身症状が通常５日間ほど続きます。

そんなつらい目にあわないためにも、インフルエンザの感染を避ける予防を考えてみましょう。

1、ウィルスを身体のなかに入れないために…
　→マスクの着用
　→外出後の手洗いとうがいの励行
　→適度な室温、湿度（50～60％）を保つ

2、体力をつけ、抵抗力アップのために…
　→バランスのいい食事
　→ストレスをためないように、休息、休養

そのほか、ワクチンを接種することで感染する確率を大きく下げられますので、受験の１カ月前には予防接種を行いましょう。上記のことを少しでも心がけるだけで、大きな効果をあげることができます。ぜひ実践して、この大事な冬を乗り越えていきましょう。

また、もしかかってしまったかな？　と思ったら、早めに医療機関で受診しましょう。48時間以内に抗インフルエンザウィルス薬を投与することで、症状を軽減することができます。

Q1　「インフルエンザ」という言葉の語源は何語でしょうか？

①ドイツ語　②イタリア語　③ルーマニア語

正解は②のイタリア語です。

16世紀のイタリアで名づけられたイタリア語のInfluenza（影響）が語源だそうです。当時のイタリアではこの病気がわからず、占星術師などにより惑星の並びが「影響」しているものと考えられて、「インフルエンザ」と名付けられたそうです。

Q2　せきをするとインフルエンザウィルスはどのくらいまで飛ぶのでしょうか？

①50cm　②１～2m　③3～4m

正解は②の１～2mです。

せきやくしゃみをした際、ウィルスのまわりには水滴がついているので１～2m先まで飛びます。インフルエンザには潜伏期間もありますから、発症していなくても、エチケットマナーとして、せきが出るときはマスクを忘れずに着用してくださいね。

第36回

あれも日本語　これも日本語

刀から生まれた言葉

今回は刀や刀作りから生まれた言葉をみてみよう。

刀は鉄を焼き、たたき、延ばし、これを何回も繰り返して作っていく。そこから生まれた言葉が「鍛錬」だ。いまは身体や精神を鍛える意味に使われるけど、金へんがついていることからも、刀などを作るために、鉄を鍛えるというのが本来の意味だとわかるね。

鉄を打つときは2人以上の人が呼吸を合わせて槌《つち》を打たなくてはならない。これが「相槌《あいづち》」だ。相槌を打つとは、うなづいて相手に賛成の意思を表すこと。もともとは刀作りから出た言葉だよ。

丈夫な刀を作るためには、高温で焼いて何回もたたくのだけど、高温で焼くことを「焼きを入れる」という。現代では、気合いを入れたり、暴力を振るったりするときにも使われるね。逆に焼きすぎて、刀の切れ味が鈍くなることを「焼きがまわる」というんだ。

刀はしっかりと焼いて鍛えた刃が命だけど、鍛えていない偽物の刃を付けてごまかすことを「付け焼き刃」という。現代では、いいかげんなことをしたり言ったりしてごまかすことをいうね。

刀ができあがると、鞘《さや》に入れる。このとき、鞘の反り加減と刀の反《そ》り加減が合わないと、刀は鞘に収まらない。これを「反りが合わない」という。転じて、性格や気が合わない人との関係を「反りが合わない」という。

仲のいい者、例えば夫婦や恋人などがケンカをしても、のちに再び仲良くなることを、「元の鞘に収まる」という。鞘から出た刀が本来の鞘に元通りに収まることからきた言葉だ。

刀は鉄でできているから、ときどきは手入れをしなくてはならない。手入れしないで放っておくと、錆《さび》が出ることがある。これを「身から出た錆」という。「身」とは刀身のこと。自分がなまけてちゃんとしないと、後でとんでもないことになるという意味だ。「試験の前に遊んでいたら、成績が下がっちゃった。身から出た錆だ」なんて使う。

警察関係者は家のことを「やさ」と言うけど、これは「鞘」を逆に読んだんだ。刀にとって、鞘は家なんだね。

サクニュー!!
ニュースを入手しろ!!

産経新聞
編集委員 大野敏明

今月のキーワード

ノロウイルス　検索

ノロウイルスの流行が本格化しています。2012年11月下旬から12月上旬にかけて、大阪府の病院で患者、職員48人が感染し、2人が死亡しました。

今季は患者数が2006年に次ぐペースで増加しており、全国的な流行のきざしがあります。

とくに今季は従来型ではない変異型が確認されています。従来型ならば、過去にノロウイルスにかかった人はかかりにくくなりますが、変異型だと、かつてかかった人も感染する恐れがあり、油断できません。このため、厚生労働省は十分な予防対策を呼びかけています。

ノロウイルスは1968年、アメリカのノーウォークで流行した胃腸炎をきっかけに、1972年に形態が明らかになった急性胃腸炎を引き起こすウイルスです。

1年を通して発生しますが、とくに冬場に患者が増加します。カキなどの貝類を摂取して感染したり、感染した人の排泄物や嘔吐物に触れたりして感染します。飛沫感染もしますので、発症したら病院や保健所に行き、2次感染を防ぐようにしましょう。

潜伏期間は24～48時間です。発症すると腹痛、激しい下痢や吐き気、嘔吐、発熱があります。体力がない幼児や老人のなかには死亡するケースもあります。ですが、栄養をつけ、安静にしていれば、3～4日で回復しますし、体力のある人なら、軽い風邪のような症状で治まることもあります。

ノロウイルスのやっかいなところは、有効なワクチンがないことです。したがって、下痢が激しい場合は輸液などをして水分を補給しなくてはなりません。通常の下痢には下痢止めが有効ですが、ノロウイルスの場合、下痢止めを使用するとウイルスが体内から排泄されにくくなるため、回復に時間がかかる可能性があり、下痢止めの使用は好ましくないとされています。家庭では、スポーツドリンクを人肌に温めて飲むと、輸液に準ずる効果があるといわれています。

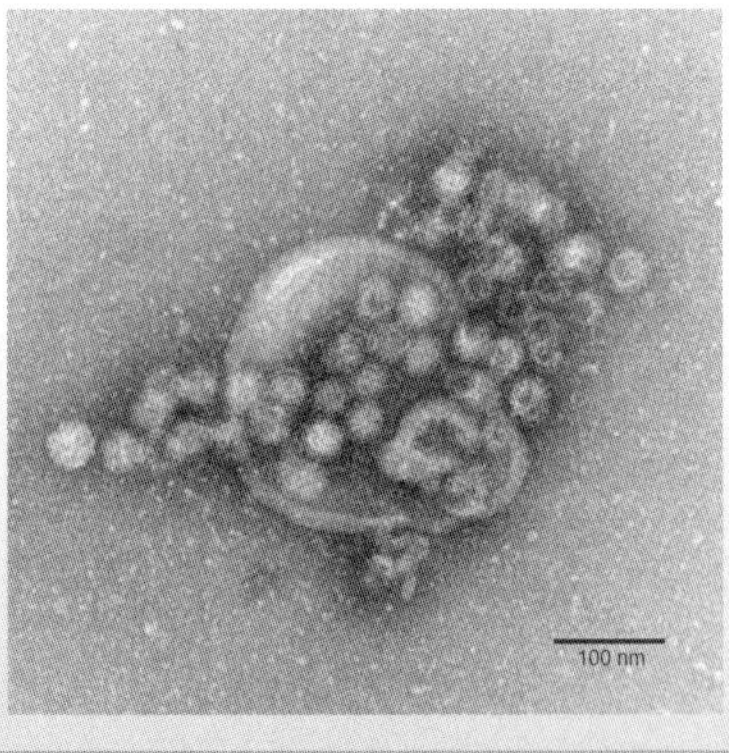

ノロウイルスの電子顕微鏡写真。(dpa/PANA)

感染を防ぐためには、まず、食物を十分に加熱して、ウイルスの繁殖を抑えることです。次に手洗いやうがいです。インフルエンザが流行する季節でもありますから、手洗いとうがいは習慣化して、十分に行ってください。とくに手洗いは水だけでなく石けん水で何回も洗うことが必要です。

感染が多い場所は病院、老人ホーム、養護施設、学校です。みなさんもくれぐれも気を付けて、感染しないようにしましょう。

『ぼくたちと駐在さんの700日戦争❶』

著／ママチャリ
刊行／小学館文庫
価格／571円+税

『ぼくたちと駐在さんの700日戦争❶』

高校生軍団と駐在さんのはてしなきバトルのゆくえは!?

中学生のみんなにはまだ関係ないことだけど、お酒を飲んで自転車を運転すると、自動車と同じように「飲酒運転」になるってこと、知ってるかな？

なぜならみんなも乗る自転車は、運転免許は必要ないけれど、自動車などと同様の交通規則がある「軽車両」に分類されるからなんだ。

じゃあ、自転車で自動車のように速度違反を、しかも警察官の前でしたら逮捕されてしまうのだろうか。

ちょっとしたきっかけから、そんなくだらない思いつきを、ある小さな町の高校生たちが実験するシーンからスタートするこの小説。

その実験のときに、仲間のなかで唯一ママチャリに乗っていたため、ライバルとなる「駐在さん」に「ママチャリ」と名付けられる主人公が、町では有名な不良ながらなんとも愛嬌のある「西条くん」ら個性あふれる高校の仲間たちとともに、近所の交番勤務の「駐在さん」（ときにほかの人にも）に次々とイタズラを仕掛けていく。

しかも、その「駐在さん」が、大人なのに彼らと同じレベルで仕返しを敢行するため、ところどころで妙にハイレベルだけれど、全体としてはレベルの低いバトルが繰り広げられることに。

でも、それがときにゲラゲラ笑えて、ときに感動するエピソードになっているんだ。

もともとはブログで公開されていたもので、著者の実話（半分）がもとになっている。これが話題と人気を呼び、２００７年に書籍化、小学館文庫から発売されている文庫本は、現在では16巻まで発売されるベストセラーとなった。このブログはまだ続いていて、これまで２０００話以上（！）が公開されている。

２００８年には、第5章まで（文庫版第2巻まで）をもとに映画化、これまでに韓国や台湾などでも上映された。

冒頭で紹介した自転車での速度違反の結果、彼らがどうなったのか、そして、はたしてママチャリでそこまでのスピードが出せるのか、ぜひ自分で読んで確かめてみてほしい。

かわいい動物たちいっぱい見たい！

マダガスカル

2005年/アメリカ/ドリームワークス/
監督：エリック・ダーネル　トム・マクグラス

「マダガスカル」Blu-ray発売中
2,625円（税込）　発売元：パラマウント ジャパン
©2005 DreamWorks Animation LLC. All Rights Reserved. ® & © 2010 DreamWorks Animation LLC. All Rights Reserved.

居心地いいのは動物園or自然界？

動物園の動物たちを見ていていると、ときには「狭いおりに入れられて、なんだかかわいそう」などと思うことはありませんか。サバンナを駆け抜けるシマウマやキリン、水辺で水浴びをするカバ、野生の牙をむく百獣の王ライオン。弱肉強食の厳しい世界ではありますが、そんな王国に動物たちを返してあげたい気持ちになるものです。

と思いきや、大都会ニューヨークの真ん中にあるセントラルパーク動物園の動物たちは、毎日客の喝さいを受け、食事にも不自由のないシティライフを満喫。気ままな毎日を送っていたのでした。そんな彼らはひょんなことから、サバンナのあるマダガスカルへ行く計画を企てます。メンバーはライオンのアレックス、シマウマのマーティ、キリンのメルマン、カバのグロリアの4頭。彼らは無事にたどりつくことができるのでしょうか。そして、草食動物と肉食動物はサバンナでも仲よく暮らせるのでしょうか。

本作はパート2、3も公開されました。日本語吹き替えは俳優やコメディアンが担当し、個性豊かに演じています。

ベイブ

1995年/アメリカ/ユニバーサル・ピクチャーズ/
監督：クリス・ヌーナン

「ベイブ」Blu-lay発売中
1,980円（税込）
発売元：ジェネオン・ユニバーサル・エンターテイメント
©1995 UNIVERSAL STUDIOS. ALL RIGHTS RESERVED.

心温まる愛らしい動物たち

アカデミー視覚効果賞を受賞した名作映画で、どれほどの名優たちが出演しているのかと思いきや、主人公は子豚のベイブをはじめ、牧羊犬のフライ、レックス、老羊のメー、アヒルのフェルディナンドとメインキャラクターはすべて本物の動物たちなのです。

ベイブはある養豚場で生まれたごくごく普通の子豚。丸々とよく太った行く末は、人間においしく食べられる運命にあるはずでしたが、まさかこんな未来が待っていようとは…。心優しい牧羊犬のフライを母と慕うようになったベイブは、フライの見よう見まねで牧羊犬の仕事をしている姿が飼い主の目に留まり、事態は思いがけぬ方向へと向かいます。ベイブは次々と降りかかってくる災難を、どう乗り越えていくのでしょうか。

ところどころにCGも施されていますが、全編を通じて愛らしい動物たちが表情豊かに熱演しています。純粋で素直な心を持っているベイブをだれもが応援したくなる映画です。

2000年には続編の「ベイブ／都会へ行く」が公開されました。

皇帝ペンギン

2005年/フランス/監督：リュック・ジャケ

「皇帝ペンギン」Blu-ray発売中
2,100円（税込）　発売・販売元：ギャガ
販売代理：ハピネット・ピーエム

愛に満ちた皇帝ペンギンの生涯

南極に棲むペンギンのなかで最も大きいコウテイペンギン。その凄まじい子育てと愛にあふれる生き様を描いたドキュメンタリー調の映画です。

監督であり、動物行動研究者でもあるリュック・ジャケが、マイナス60度にもなる南極で8800時間（1年と120時間）にもおよぶ撮影を敢行。繁殖期には海岸から最大で100㎞も離れた内陸部へと移動し、激しいブリザード（地吹雪）をしのぎながら親たちが抱卵する姿を撮り続けました。仲睦ま《なかむつま》じい夫婦愛の様子や、産卵のあとメスが海でエサを捕獲し戻ってくるまで100日以上も絶食し卵やヒナを守るオスの姿などが映し出されます。エミリー・シモンの壮大な音楽も映像を際立たせています。

地球温暖化により南極の海氷が10%減っただけで、コウテイペンギンの餌場も減ることになり、絶滅の危機にさらされることが明らかになっています。滅びゆく野生動物へ、私たち人間はなにができるのでしょうか。

本作はアカデミー長編ドキュメンタリー映画賞を受賞しています。

ミステリーハンターQの 歴男歴女養成講座

ミステリーハンターQ（略してMQ）

米テキサス州出身。某有名エジプト学者の弟子。1980年代より気鋭の考古学者として注目されつつあるが本名はだれも知らない。日本の歴史について探る画期的な著書『歴史を掘る』の発刊準備を進めている。

山本 勇

中学３年生。幼稚園のころにテレビの大河ドラマを見て、歴史にはまる。将来は大河ドラマに出たいと思っている。あこがれは織田信長。最近のマイブームは仏像鑑賞。好きな芸能人はみうらじゅん。

春日 静

中学１年生。カバンのなかにはつねに、読みかけの歴史小説が入っている根っからの歴女。あこがれは坂本龍馬。特技は年号の暗記のための語呂合わせを作ること。好きな芸能人は福山雅治。

国際連盟脱退

国連の前身であった史上初の国際平和機構、国際連盟。日本も加盟していたが、80年前に脱退した。その経緯を勉強しよう。

勇 日本が国際連盟を脱退してから、今年で80年になるんだって？

MQ １９３３年のことだったね。日本の孤立化の第一歩といわれているね。

静 国際連盟はいつどうやってできたの？

MQ 第一次世界大戦が終わって、米国のウィルソン大統領が平和の枠組みを作るために提唱したんだ。１９２０年にスイスのジュネーブに本部を置き、43カ国が加盟して発足、民族自決もうたわれた。でも、アメリカは議会の反対で加盟しなかった。日本は常任理事国だったんだよ。

勇 どうして日本は脱退したの？

MQ 日本は、第一次世界大戦後の不況から抜け出すためと、ソ連の南下政策を牽制《けんせい》する意味もあって、満州（現中国東北部）を日本の支配下に置くことを考え、１９３１年に満州事変を起こしたんだ。

静 柳条湖事件のことよね。

MQ そう、よく覚えているね。ところが、国際連盟はイギリスのリットン卿を団長とする調査団を派遣して事件現場を調査し、その結果、日本の権益は認めたけど、満州国は認めず、日本軍の撤兵を求める意見書を提出したんだ。

勇 日本のやり方が否定されちゃったんだね。

MQ 国際連盟はこの報告書を採決したんだけど、反対したのは日本だけ。タイが棄権、投票不参加がチリ。残りのすべての国は賛成だった。そこで日本は脱退してしまったんだ。

静 それで孤立化して、日中戦争から太平洋戦争に突き進んでしまったのね。

MQ 松岡洋右《ようすけ》代表が「日本政府は連盟と協力する限界に達した」と脱退演説をして議場をあとにしたんだ。

勇 結局、国際連盟は平和を守れなかったんだね。

MQ アメリカが加盟していなかったし、制裁条項もなく、いまのような国連軍もなかった。総会の議決は満場一致が建前だったから、議論ばかりで決定ができず、利害の調整もはかばかしくいかなかった。

静 その後、国際連盟はどうなったの？

MQ 同じ年にドイツが脱退、１９３７年にはイタリアが脱退、１９３９年にはソ連が除名されて、機能は完全に失われ、第二次世界大戦後の１９４６年に解散して、現在の国際連合に引き継がれていくことになったんだよ。

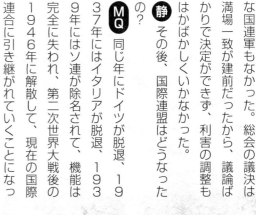

高校受験 ここが知りたい Q&A

Question

私立高校入試での内申点の点数はどの程度重視されるのでしょうか

中学校の成績にややムラがあり、公立高校入試における内申点の点で希望する高校に足りないかもしれないと思っています。こういう状態だと私立高校受験にも不利になってしまうのでしょうか。

（横浜市・中2・M.T）

Answer

推薦入試では重視されますが一般入試では当日の得点が重視されます

まだ中学校２年生ですので、現在の成績評価をあまり気にし過ぎなくてもよいでしょう。例えいまは評価として悪いものがあったとしても、今後の努力次第で向上する可能性も十分にあります。

内申点については、学校での授業を大切にし、定期試験にもしっかり臨んでいくことによって成績は向上していきます。けっして諦めずに努力を続けてください。

また、私立高校の推薦入試では、確かに在籍中学校においての成績をおもな選考基準とするため、その成績が大きく関わってくることは事実です。しかしながら、推薦入試ではなく、私立高校の一般入試においては、一番に入学試験当日における得点が合否判定資料とされ、中学校での調査書の成績は、あまり比重がおかれていない場合がほとんどです。これは、学校や地域による差異があり、調査書の成績評価を一般化できない面もあるからです。

ですから、私立高校の一般受験を考えている場合には、調査書の成績を気にし過ぎることはありません。入試できちんと得点できる学力を培っておきましょう。

ただし、調査書に記載されている中学校においての出席状況（欠席日数）などは考慮されることもありますので、気をつけましょう。

受験情報

monthly topics 1

神奈川公立

試験日が3日間の受検生も

神奈川公立の2013年度入学者選抜で、受検生の一部に試験日が3日間におよぶ学校がある。

特色検査を行う希望ヶ丘など数校で、学力検査、特色検査（全県共通）と面接がそれぞれ別の日に設定され、3回試験に通わなければならない生徒が出てくる。

試験日程は2月15、18、19日だが、県教委は「5教科の学力検査のあと、同日に特色検査をするのは受検生の負担が大きい」として、特色検査は別の日に実施することとした。

特色検査を、学力検査（全校共通）と同日に行おうとしていた学校は、15日が学力検査（全県共通）、18日に特色検査に切り替えたが、また別の日に面接を行わねばならず、特色検査に時間をかけたい学校や、受検生の多い学校では予備日の20日も日程に加えて、18日に特色検査を実施、19日または20日で、受検生を半分に分け面接を実施する。

この試験日程は、出願者数によって今後も変動する可能性もあるため、各校ホームページでも現状では詳しくは掲載されておらず、各校に問い合わせをするしかない。3日間になりそうなのは希望ヶ丘のほか横浜翠嵐、小田原、湘南など進学校といわれる学校が多くなりそうだ。

Column 76

15歳の考現学

2013年度首都圏の高校入試は公立校、私立校でどのように推移するか

森上《もりがみ》 展安《のぶやす》

森上教育研究所所長。1953年、岡山県生まれ。
早稲田大学卒業。進学塾経営などを経て、1987年に「森上教育研究所」を設立。「受験」をキーワードに幅広く教育問題をあつかう。近著に『教育時論』（英潮社）や『入りやすくてお得な学校』『中学受験図鑑』（ともにダイヤモンド社）などがある。

埼玉の13年入試は公立高にわずかに回帰の傾向

入試が近づいています。

まず、埼玉県の高校入試について触れてみます。埼玉の高校入試で必ず触れられるのが、日本で最初（1997年）に「偏差値追放入試」に踏み切ったことですね。

ところが、いまはどうでしょう。

〝追放〟という劇的な変化から、当然「業者テスト」としては学校から姿を消し、校内で必修行事のように行われていた昔の面影はありませんが、校外の「会場テスト」に場所を移して存続しています。

さて、いまこれに代わって、その役割を担っているのが校長会が主導する公的テスト*です。これが「充実」し、業者テスト追放冷めやらぬころと比べて、進路指導の精度が格段にあがりました。その結果、作年度は、公立志望者が微減したと考えられます。

それはそうですね。2012年入試で公立高入試が1回きりになったのですから、それだけ入試がリスキーになったことはいうまでもありません。そのリスクをヘッジする、つまり、より安全策を講じるには、偏差値によって、より安全な出願先に願書を出す必要があります。

ただ、テスト精度がよりあがれば、リスクもより鮮明になり、より下位の高校に出願するとか、それなら、と単願で私立高校に決めてしまうことにもなります。

あれこれ推測はできますが、なにはともあれなんらかの対策をして危機回避を探るのは当然です。弱い立場（成績不振）の受験生ほど、リスキーな公立高1回入試を回避し、私立高にシフトしたのでは、と思われます。ですから、リスクが最も高いトップ高の倍率が緩和したのは当然と言えば当然でしょう。

さて、2013年度は、逆に公立高志向がやや強まりそうです。

埼玉県の志望校調査によれば、公立志向が前年は0・4％減少でしたが、今回は0・1％減少程度におさまった、ということです。一方で県内の私立希望者は0・1％程度減るとのこと。わずかに公立志向が見えるようです。

やはり見逃せない受験生の共学校志向

なぜ公立志向が強まるのか。もちろん、その理由はさまざまあるでしょうが、「折からの不況」が最も大き

*【公的テスト】　市町村教委や校長会が主催する学力検査。おもに中学3年が対象で、結果を進路指導などに利用するのが狙い。複数の学校で一斉に実施するのが特徴。

な要因だろうとはだれしも思うことでしょう。筆者もそうは思うのですが、ただそれだけではないはずで、公立の魅力が私立の魅力を上回っている点がなにかあるのではないか、という視点も必要です。とはいえ、それは私立の方がお金がかかることが暗黙の前提ですから少し割り引いて考えておくべきでしょう。

この埼玉の2012年入試がまさにそうであったように2013年は神奈川県立入試が大きく動きます。

そこでおもしろそう(?)なのは、埼玉では県立上位校が倍率を低下させたのに対して、神奈川では県立トップクラスの横浜翠嵐、柏陽、湘南といったところの受験生が増えそうで倍率が激化しそうなことです。

神奈川県立入試は2013年入試から1回入試になり学力重視の「学力入試」といってもよい入試制度になり、推薦入試もなくなります。いわば1年遅れで埼玉と似た改革をするのですから、入試状況は埼玉と同じようになってもよいはずですね。

しかし片や埼玉では県立トップ校の倍率が緩和、他方、神奈川県立は逆に増加しています。はたしてこの違いはどこからくるのでしょう。

その答えはおわかりではないか、とも思います。筆者の考えは単純明解(?)で、神奈川「県立」トップ校は男女共学で、神奈川「私立」トップクラスは男女別学。

一方の埼玉の「県立」トップ校は男女別学。埼玉「私立」のトップクラスはほぼ男女共学。

共学志向が高校入試の主流・本流で、別学志向は少数派です。これが、埼玉と神奈川のトップ校人気を左右している、と考えます。

その証拠に(?)、公私両方とも共学が多い千葉の公立、私立校ではトップ校で大きな増減はありません。

もっとも事態の理由を1つのことで説明するのは無理かもしれないうえ、この筆者の当て推量は多分に思いつきでもあり、この数年の入試状況をカバーしてもいません。

じつは今年からとくに、中学受験でも共学志向がめだちます。高校の場合は、別学校がもともと少ない(公立校主体のため)のですが、中学受験は私立主体のためこれまでは別学が主流。しかし、女子中学が共学化する流れが大きくなるとともに有名大学の附属中学の開校が相次いで共学化が進みました。

そのため共学有力校が増え、受験生も共学校を一定校受験し始めたという近年の流れがありました。しかし、ここにきて共学校の人気が高く、男・女別学校の人気がかげり気味という様子がかなりはっきりしてきています。

高校は中学と違っていわば恋愛年令とでもいうべきハイティーンの若者たちですから、共学志向が強いのはむしろ自然ですね。ただおもしろいのは、そんななかでも難関私立高校は割合、男女別学校が多いのです。例えば大学附属では早大高等学院や慶應の各高校、また、開成や豊島岡女子などもそうですね。

これらの学校はまさに難関校ゆえの稀少価値ですからそれだけで人気は高どまりと考えられます。早稲田実業や、慶應湘南藤沢は共学ですが、国立の筑波大駒場は男子校です。

少数派の男女別学のよさに少し触れれば、やはり異性の目を気にせずに物事に没頭できるということです。難関校に別学校が多いのはそうした面もあるのでしょう。例えば埼玉県立浦和などは、相当運動量の多い学校です。とても同量を女子がこなせるとも思えませんし、それでは学校生活が苦痛になるでしょう。万事、男子向きに学校づくりが行われているのです。

さて、志望校調査について戻れば東京では公立志望が1500名ほど増え、私立志望が500名ほど増えた、ということも公表されました。

中3人口増に対応して公立中堅校の定員を増やしたことがそのような変化に表れたのでしょう。

私たちがこういった志望校調査で注意しなくてはならないのは、いわゆる滑り止めが滑り止めになるかどうか、ということです。

神奈川のように難関公立高校の志望者が増えてくれば、当然ですがその受け皿としての私立上位校の倍率・難度が上昇するでしょう。桐蔭学園や桐光学園、山手学院などといったところの一般入試の合格見通しはどうか、また、都内私立併願校ではどうなのか、といったことが見極めどころです。

そういった意味で1番の動きはやはり県立高校入試の改革がある神奈川の受験生の動きでしょう。首都圏高校入試に一石を投じることになるのは間違いありません。

幸い、都立の改革は大きなものではなく、いわば静かなので、首都圏では、神奈川の公立高志向の表れ方を注意しておけば今後の参考になるでしょう。

私立★INSIDE

2013年度東京都内私立高校の学費を見る

首都圏私立高校の2013年度学費（初年度納付金）が発表される時期となりました。学費の多少はその学校の優劣を定めるものではありませんが、各家庭の事情によっては学校選択の指標となるものでもあります。今号では東京都の私立高校の学費を見ていきます。

平均2094円のアップ

東京都生活文化局は昨年12月、東京都内の全日制私立高校の来春入学者（2013年度）の学費を集計し、発表した。

それによると、都内調査対象の私立高校233校（のべ281学科）のうち、授業料と入学金などを合わせた初年度納付金（総額）の値上げをした学校は25校（10・7％）、値下げをした学校は5校（2・1％）、据え置いた学校は203校（87・1％）であった。

初年度納付金の平均額は88万3829円で、2012年度より0・2％アップ、金額にして平均2094円増加した。

費目別では、**【表1】**の通り授業料は平均42万8001円で前年度比0・4％増。

入学金は24万9263円（同0・1％増）、施設費は5万431円（同0・9％減）などとなった。

長期据え置き校もある

都内私立高校の学科数は2013年度、のべ281学科あるが、**【表2】**

【表1】都内私立高校納付金・各費目の平均額

	授業料	入学金	施設費	その他	初年度納付金（総額）	〈参考〉検定料
2013年度	428,001円	249,263円	50,431円	156,134円	883,829円	22,107円
2012年度	426,469円	248,957円	50,896円	155,413円	881,735円	22,086円
値上げ額	1,532円	306円	-465円	721円	2,094円	21円
値上げ率	0.40%	0.10%	-0.90%	0.50%	0.20%	0.10%

【表2】学科で見た都内私立高校学費の推移

値上率	延べ計	5%以上	4%以上5%未満	3%以上4%未満	2%以上3%未満	1%以上2%未満	1%未満	値下げをした学科	据え置いた学科
2013年度	281学科	3学科	8学科	2学科	6学科	7学科	9学科	5学科	241学科
		1.10%	2.80%	0.70%	2.10%	2.50%	3.20%	1.80%	85.80%

は学科で見た学費の推移である。コースによって学費の異なる場合は、それぞれ1学科として計算した。学費を値下げした学科が5、据え置いた学科が241学科あった。

学校数で見ると、初年度納付金（総額）据え置き校（値下げ校を含む）は203校。高校募集はないが、**頌栄女子学院**は22年連続で据え置いている。同様に長期にわたって据え置いている学校も以下のように多い。

◇

①22年連続1校
頌栄女子学院（高校募集なし、以下、非募集）
②21年連続4校
錦城、**大東学園**、**帝京大学**、**鶴川**
③20年連続1校　**武蔵野**
④19年連続1校　**錦城学園**
⑤18年連続1校　**共立女子**（非募集）
⑥17年連続2校　**慶應義塾女子**、**東京家政大学附属女子**
⑦16年連続2校　**和洋九段女子**（非募集）、**大妻中野**（非募集）
⑧15年連続9校
⑨14年連続5校
⑩13年連続7校
⑪12年連続7校
⑫11年連続20校
⑬10年連続9校
⑭9年連続12校
⑮8年連続8校

大学附属校は学費が高い傾向

さて、初年度納付金（総額）の最高額は196万2200円（**桐朋女子**音楽科）、最低額は53万6000円（**東洋女子**）であった。

【表3】は普通科に限って見た初年度納付金が「高い学校」「安い学校」である。

この表からも大学附属校が高いことがわかる。表にある学校のほか**慶應女子**、**青山学院**、**中大杉並**、**中大附属**、**ICU**、**成蹊**、**早稲田実業**、**明大明治**などが100万円を超え、附属校以外では、進学校・**桐朋**が同じく100万円を超える。

【表3】都内私立高校全日制普通科　初年度納付金が高い学校・安い学校

	高い学校		安い学校	
	金額	学校名	金額	学校名
初年度納付金（総額）	1,750,000円	玉川学園高等部（国際）	536,000円	東洋女子
	1,270,000円	玉川学園高等部（普通）	633,000円	鶴川
	1,230,000円	学習院高等科、立教池袋	702,000円	日本女子体育大学附属二階堂
	1,210,000円	成城学園	708,000円	修徳
	1,186,000円	早稲田大学高等学院	712,000円	国本女子

このほか、**駒場学園**（食物科）、**帝京**（理数コース）、**国立音楽大学附属**（音楽科）、**関東国際**（演劇科）、**郁文館グローバル**（国際科）といった特色ある学科が100万円を超えていることが特徴的だ。

神奈川でも2013年度学費の調査が終わっているが、初年度納入金の最も高い学校は**慶應湘南藤沢**で147万円、安いのは**平塚学園**の63万6000円。

千葉、埼玉は本誌締め切りまでに発表がなかったが、参考までに2012年度の例をひくと、埼玉では大学附属校の**慶應志木**、**立教新座**、**早大本庄**が100万円を超える。附属校以外では**浦和明の星女子**の102万2000円が目につく。

千葉の2012年度では普通科で100万円を超える学校はなく、**聖徳大学附属女子**の音楽科が113万円だった。

なお、次のページの**【表4】**は費目別に見た都内私立高校の学費一覧で「高い学校」「安い学校」を並べたもの。学校によってはこのほかに寄付金を募る場合がある。おおむね1口10万円程度で、寄付をしないからといって合否や就学に影響がある

私立★INSIDE

ものではない。

就学支援金制度がある

冒頭で述べたように、都内私立高校の初年度納付金の平均額は88万3829円となっている。

2010年4月から、公立高校は授業料が無償となっているので、その差はかなりの大きさに感じられるが、公立高校で減じられた授業料と同額の11万8800円を高等学校就学支援金として受け取ることができる。これは進学後に学校法人が代理受領することになるので、入学の際には一度支払い、1学期の終わりごろに戻ってくる形となる。

また、所得別に増額があり、例えば年収250万円未満程度では2倍の23万7600円を、350万円未満程度では1・5倍の17万8200円が支給される。

高等学校就学支援金制度について、詳しくは「東京都私学財団ホームページ」まで。

●育英資金貸付制度について

東京都には「育英資金貸付制度」があり、都内居住で高等学校等に在学、勉学意欲がありながら経済的理由で就学困難な者に奨学金を貸し付けている（私立高校生月額3万5000円）。

以下7項目の要件を満たすことが条件。

①本人が高等学校、都内の高等専門学校、専修学校（高等課程・専門課程）に在学していること。

②本人と保護者、ともに都内に住所があること。

③勉学意欲があるが、経済的理由により就学が困難であること。

④同種の資金を他から借りていないこと。

⑤過去に東京都育英資金を借りていないこと。

⑥連帯保証人2名（申込時1名、貸付終了時1名追加）を父母ではない人で立てられる。

詳しくは「東京都私学財団ホームページ」まで。

【表4】都内私立高校全日制普通科　費目別納付金　高い学校・安い学校

	高い学校		その他	
	金額	学校	金額	学校
授業料	1,320,000円	玉川学園高等部（国際）	282,000円	鶴川
	840,000円	玉川学園高等部（普通）	300,000円	国本女子
	684,000円	早稲田大学高等学院	312,000円	千代田女学園
	670,000円	成城学園	317,000円	日本工業大学駒場
	658,000円	学習院高等科	324,000円	村田女子
入学金	450,000円	堀越	50,000円	玉川学園高等部
	388,000円	広尾学園	100,000円	武蔵野
	380,000円	帝京（理数）	160,000円	村田女子
	370,000円	八雲学園	180,000円	日体桜華、文華女子、聖徳学園
	350,000円	駒込	186,000円	京北
施設費	250,000円	武蔵野	0円	全99校
	230,000円	トキワ松学園	42,000円	淑徳、淑徳巣鴨
	200,000円	村田女子、東京女子学園、東京女子学院、聖パウロ学園	50,000円	全8校
	190,000円	郁文館	55,000円	京華、京華女子
	186,000円	日本大学第二	60,000円	佼成学園女子
その他	380,000円	玉川学園高等部	0円	成女、堀越、駿台学園、聖パウロ学園
	314,400円	和光	6,000円	東洋女子
	306,000円	立教池袋	30,000円	トキワ松学園
	300,600円	國學院大學久我山	36,000円	二松學舎大学附属
	290,000円	中央大学杉並	39,600円	東京女子学園

Success Ranking
サクセスランキング

世界の理科・数学の学力ランキング

2011年の春、世界の小学4年生と中学2年生を対象とした国際学習到達度調査が行われ、その結果が昨年末に公表された。国際教育到達度評価学会（IEA）によって4年ごとに行われているTIMSSと呼ばれるこの調査は、理科および算数・数学に関する世界的な学力調査だ。今回紹介する中学2年生の成績において日本はどちらも5位以内だった。

理科の成績（中学校）

順位	国名	得点
1	シンガポール	590
2	台湾	564
3	韓国	560
4	日本	558
5	フィンランド	552
6	スロベニア	543
7	ロシア	542
8	香港	535
9	イギリス	533
10	アメリカ	525
11	ハンガリー	522
12	オーストラリア	519
13	イスラエル	516
14	リトアニア	514
15	ニュージーランド	512
16	スウェーデン	509
17	イタリア	501
17	ウクライナ	501
19	ノルウェー	494
20	カザフスタン	490

数学の成績（中学校）

順位	国名	得点
1	韓国	613
2	シンガポール	611
3	台湾	609
4	香港	586
5	日本	570
6	ロシア	539
7	イスラエル	516
8	フィンランド	514
9	アメリカ	509
10	イギリス	507
11	ハンガリー	505
11	オーストラリア	505
11	スロベニア	505
14	リトアニア	502
15	イタリア	498
16	ニュージーランド	488
17	カザフスタン	487
18	スウェーデン	484
19	ウクライナ	479
20	ノルウェー	475

公立★CLOSE UP

神奈川・千葉・埼玉
公立高校入試の概況予想

安田教育研究所　代表　安田 理

新しい入試制度で行われる神奈川、制度変更３年目を迎える千葉、入試機会が一本化されて２年目の埼玉と、それぞれの県における公立高校入試の概況を予想してみよう。

神奈川県公立高校

倍率緩和は確実だが 強い安全志向と公立離れ

これまでにも何度か書いてきたが、神奈川の公立高校入試制度が大きく変わる。

一般的に、制度が変更される初年度は受験生側の不安感が強くなるので、安全志向が働きやすくなるものだ。受験生の心理面として、ということもあるが、進路指導を担当する各公立中学校の先生も前例がないと予想が立てにくくなる分、確実な志望校選びを勧めるケースが増えるものと思われる。

進路指導の段階で、行きたいと思っていた公立高校の受験をあきらめざるをえなくなれば、同程度の難易度の私立高校に志望先を変える受験生も出てくる。ランクを下げれば大学合格実績も低くなる公立に比べ、私立の方が期待できるところも少なくない。また、制度変更でどうなるかわからない公立より、調査書の成績で合否の予測を立てやすい私立の方が安心、ということも私立志向と公立離れにつながりやすい。

今回の制度変更では入試機会の減少、選抜方式の複雑化、学力検査の難化といったことも敬遠されやすい要素だ。気弱な受験生なら、確実に合格を狙える私立にシフトしてもおかしくないだろう。

２０１２年10月に実施された進路希望調査でも全日制高校を希望する割合は微増したが、公立希望の割合はダウン、県内外の私立を希望する割合が増えている。受験生動向がこのままなら、公立希望率が下がる分、公立入試は緩和することになる。

さらに、選抜機会が前期・後期の2回分から1回に減り、分散していた募集数が1つにまとまるので、各校の実倍率は確実に緩和する。

２０１２年の入試結果では、前期の平均実倍率は2・06倍、後期は1・40倍だったが、一本化すれば1・20倍前後になることが予測される。公立離れの割合によってはさらに平均実倍率が下がる可能性もある。

募集増加率は 2年連続で上昇

２０１３年の公立中学卒業予定者数は１０７５人増の6万８９２９人。前年比で約1・6％増えている。

一方、公立高校では4万２５６０人を募集予定。２０１２年より１１５０人増えていて、その割合は約2・

８%増と、中学卒業予定者の増加率の２倍近い。神奈川では２０１２年の入試でも中学卒業予定者増加率を上回る募集増を実施。極めて異例のことだが、公立高校の募集数は２年連続で大幅に増加する。

これは神奈川県の全日制高校進学率が年々下がり、２０１１年にはついに全国で最も低い数値となったことが影響している。進学希望率は決して低くないにもかかわらず、公立の倍率上昇によって定時制や通信制への不本意入学が増加。不景気の影響や学力不足から私立を受験できないケースが多いこともあり、公私連絡協議会で検討した結果、公立の募集数を増やすことになった。

つまり、①新制度への不安感による公立離れ、②入試一本化による１回の合格数の増加、③全日制進学率の上昇を狙った公立定員の拡大によって、２０１３年の神奈川公立高校入試が緩和するのは確実だ。

学力向上進学重点校の増員は希望ヶ丘のみ

２０１３年、１クラス分募集数を増やすのは29校。このうち、学力向上進学重点校は**希望ヶ丘**の１校のみで、中堅校が多い印象だ。

２０１２年にも公立中学卒業予定者数が増えたため、38校が募集数を臨時で増やした。そのなかには、**横浜翠嵐**、**光陵**、**厚木**、**横浜国際**などの重点校も含まれていたが、そのほとんどが２０１３年も定員を減らしていない。また、11校が２年連続で募集数を増やしている。

重点校をはじめとした人気校での増員は応募者を増やす結果になりやすいので、大幅に緩和することは少ない。定員の増員分を上回る受験生を集め、前年の実倍率を上回ることさえある。しかし、制度変更初年度で安全志向が強まる状況下では、そこまで人気を集める可能性は低いとみていいだろう。

募集数を増やす**希望ヶ丘**の場合、２０１２年は倍率が下がっているため、もともと２０１３年は応募者を増やす可能性があった。しかし、特色検査の導入が敬遠される可能性もあるので、定員増でほぼ２０１２年と変わらない難度に落ち着きそうだ。

特色検査実施校の一部では敬遠傾向か

制度変更によって、各校の特色に応じた検査を実施できることになるが、そのうち、自己表現検査が重点校を中心に16校で行われる。**横浜翠嵐**、**湘南**、**柏陽**、**希望ヶ丘**、**光陵**、**平塚江南**、**厚木**、**小田原**、**市立横浜サイエンスフロンティア**、**神奈川総合**などの重点校や人気校で、これまでの入試でも学校独自問題を行っていたところが多い。

特色検査の内容や評価基準などでわかりにくい部分があるため、一部の受験生からは敬遠されるかもしれない実施校もある。**横浜翠嵐**、**湘南**などの最上位校はこれまでと同様、高い人気を維持することになるだろう。とくに２０１２年の大学合格実績が好調だった**湘南**は人気を集めそうだ。

一方、**希望ヶ丘**、**厚木**、**神奈川総合**などのように、これまで学校独自問題を行っていなかった上位校がどれだけ受験生を集めるのか注目される。また、自己表現検査では論文形式実施校が多いなか、プレゼンテーション形式で検査を行う光陵も倍率が緩和する可能性がある。

川和と湘南が希望調査での倍率上位

毎年10月20日に行われる進路希望調査結果で公表された各校の希望数を定員で割って希望倍率を求めると、トップは**川和**の２・43倍。以下、**湘南**２・39倍、**市立橘**２・35倍、**市立戸塚**２・25倍、**鎌倉**２・24倍、**横浜平沼**２・03倍と続き、上位６校が２倍を超えている。一方、１倍を切るところも多く見られた。

２０１３年の各校の募集数が公表されたのは10月30日。希望調査実施後のため、応募時には募集数が増えてチャンスが広がるのなら挑戦しようという動きがあるかもしれない。

県内公立全日制を希望しているのは５万５６３４人であるのに対し、募集定員は４万２５６０人。志望者数はもう少し減る可能性があり、全体的に緩和するのは確実だが、約１万人が不合格になる入試であることに変わりはない。制度変更による不確定要素もあるので、志望校がどこであれ公立志望であっても、押さえの私立を確保して臨みたい。

千葉県公立高校

中学卒業予定者数減少も学区によっては増加

２０１２年は中学卒業予定者数が１６０９人増えたのに対し、８４０人募集数を増やした千葉県公立高校入試。来春は卒業予定者が７０３人減少するので、全日制の募集数を県全体の総数で360人削減する。

千葉では学区を9つに分けているが、学区によっては卒業予定者が増えているところもある。東京に近く交通網の発達している1~3学区では2012年は18クラスも募集を増やした。2013年は1学区で2クラス減らし、2学区では増減なく、3学区は2クラス増やすため、3つの学区の合計で募集クラス数は変わらないことになる。

また、前年に募集を臨時で増やした高校は翌年定員数を元に戻すものだが、卒業予定者の多い学区では戻さないケースもある。

2年前から千葉県内公私間の学費格差が縮まり、私立高校志望者が増えているが、県内私立の一部でも地域の卒業予定者増に対応して募集数を増やしている。公立入試制度変更後3年目を迎える2013年入試ではあまり大きな変化はなさそうだ。

千葉東、東葛飾は前年募集増も定員を維持

2012年に募集を増やした27校のうち12校が2011年の募集数に戻すが、15校は増えたままの定員を維持して募集する。難関上位校の**東葛飾**と**千葉東**の2校も1クラス増の定員を維持する。

千葉東は県内で唯一、前期で応用問題中心型の学校独自問題を実施している。2013年は実施教科と主要3科から英語と数学の2科に削減する。教科数の減少で受験生の負担は緩和するようにみえるが、国語の得意な生徒は敬遠することになるので、人気が急上昇するとは考えにくい。難度はあまり変わらない可能性が高い。

東葛飾は2011年の反動からか2012年は募集増にもかかわらず受験者を減らした。2013年は再び上昇することもありうるが、2012年の東大合格数の減少や受験生全体の安全志向の強さから、難度が少し下がる可能性もありそうだ。

安全志向が強まるなか、例外的に人気を集めそうな上位校は**県立千葉**だろう。東大合格数を19人から31人に増やしたのをはじめ、大学合格実績の好調さが影響している。難度も上昇する可能性がある分、難関国私立高校との併願者もいっそう増加するかもしれない。

都内国立と入試日が重なる前期

2013年の公立前期選抜は2月12~13日の2日間にわたって実施される。

13日は、都内の国立高校の入試日と重なるため、県内生は県内公立と都内国立の両方を受検することはできない。

12日は**青山学院**、**明大明治**、**明大中野**、**城北**、**国学院久我山**などの入試日でもあるため、このような都内私立志望でも公立前期は受検できなくなる。

国立と県内公立との両方を志望校候補として考えている上位生であれば、**渋谷教育学園幕張**などの県内難関私立や2月10日か11日が入試日の都内難関私立の合格を確保できれば、すべり止めとしての県内公立を欠席することになるだろう。

最も影響を受ける可能性が高いのは**県立千葉**だが、難度が下がるとは考えにくい。

また、**県立船橋**、**東葛飾**、**千葉東**などでも上位層の欠席が見られる可能性がある。

このような都内国私立と県内公立との入試日程の重なりによる上位生の分散は、公立難関校全体の実質倍率を若干緩和させるかもしれない。県内公立上位校を第1志望とする受験生には追い風になるだろう。

埼玉県公立高校

入試一本化2年目で公立希望増へ

2012年から前期と後期の入試機会を一本化した埼玉の公立高校入試。全日制普通科の平均実倍率は1・15倍で、前年の前期1・53倍、後期1・58倍を大きく下回った。

制度変更初年度は不安感から私立志望が増えていたが、2013年は予測しやすくなった分、公立志望が少し増えることになりそうだ。

進路希望調査結果でも進路未定者が減り、公立希望が増加、とくに普通科希望者の増加が大きい。県内私立希望はわずかしか減っていないが、就学支援金制度による公立と県内私立との学費格差の緩和が影響しているのだろう。

募集数は微減 上位校では増員も

来春の公立中学卒業予定者数は354人減り、6万6103人になる見込みのため、公立全日制高校の募集数は320人減り、4万1160人。中学卒業予定者に対する募集数の割合は60・8%で、前年の60・9%と

ほぼ同じだ。

埼玉では千葉のような学区はないので、どこでも受検が可能。しかし、地域ごとの中学卒業予定者数変動に合わせ募集数も細かく変更している。2013年は24校が募集を1クラス削減するが、そのうち23校が2012年に増やした分を元に戻す。また、前年募集増の11校は定員を維持する。さらに16校が1クラス定員を増やすが、これには上位校も含まれている。

2013年に募集数を変更する上位校が数校あり、上位校でも若干緩和する可能性が出てきた。

県立浦和、浦和第一女子など人気校で募集増

2012年に増員した**県立川越**、**川越女子**、**蕨**の上位校3校が2013年は募集数を元に戻すため、1クラスずつ減少してしまう。人気校での増員だったため、2012年の実質倍率はいずれも1・40倍程度で平均実倍率を上回った。2013年の定員減は一部受験生の敬遠につながるだろうが、難度は下がらないと考えた方がいいだろう。

2012年に増員した募集数を維持するのは**大宮**、**越谷北**、**川口北**、**所沢**、**与野**など11校める。共学ではトップ校の**大宮**は1・43倍だったが、減員していれば2013年の倍率上昇は避けられなかっただろう。

さらに、2013年は**県立浦和**、**浦和第一女子**、**所沢北**など上位校での増員がめだっている。いずれも人気が高いため、受験生にとっては朗報だが、定員増によって倍率が緩和するとは限らないだろう。仮に実質倍率が下がっても、難度まで下がるとは考えにくい。

とくに注目されるのは男女のトップ校、**県立浦和**と**浦和第一女子**の増員だ。両校とも新制度初年度にあたる2012年は敬遠傾向が見られたが、その反動で志望者が増える可能性は高い。両校とも大学合格実績も好調なため、増員が追い風となって急増することもあるかもしれない。

ただ、入試日程が3月になったことで都内の国立や難関私立合格者は出願しなくなっているので、**県立浦和**、**浦和第一女子**の難度が急騰することはまずないものと思われる。それでも難度は高いことに変わりはないが、チャレンジする価値は十分にあるだろう。増員分を減らさない**大宮**も高い人気を維持しそうだが、この上位3校のどこが志望者を最も多く集めるのか興味深い。

受験生の動向は分散傾向も

埼玉では毎年、人気を集める高校の顔触れに大きな変化がなく、10月の希望調査でも**市立浦和**、**市立川越**、**大宮**が人気の強さを見せている。顔触れに変わりは少ないが、一部の高校に人気が集中する傾向は年々減っている。

希望調査での倍率1位の**市立浦和**は2・96倍から3・04倍に上昇、唯一3倍を超え、順位をあげた。前年トップの**市立川越**は2010年の同時期の倍率が3・58倍、2011年が3・31倍、2012年は2・88倍に下がり2位になっている。また、2倍以上の高校も2010年の18校から2011年は15校、2012年は10校に減少している。

なお、この希望調査は各校の定員発表前に実施されたもの。今回の増員によって実際の出願時には多少変動するところもあるだろう。とくに上位校での定員増の多さは受験生の安全志向に少し歯止めをかけたい、という意図があるのかもしれない。

私立の併願校を確保し、3月の入試日まで緊張感を維持しながら準備を重ねていけば、望ましい結果を手に入れることは十分可能だろう。

東京都市大学 等々力高等学校
TOKYO CITY UNIVERSITY TODOROKI SENIOR HIGH SCHOOL

■理念 ノブレス・オブリージュ
noblesse oblige
— 高潔な若人が果たすべき責任と義務 —

2013年度 募集要項

	募集定員	試験日	試験科目	合格発表
特別選抜コース	推薦A・B 35名	1/22（火）	適性検査（英・国・数）、面接	1/23（水）
	一般 35名	2/10（日）	国・数・英、面接	2/10（日）インターネット

〒158-0082 東京都世田谷区等々力8-10-1 Tel.03-5962-0104 ◎交通/東急大井町線・等々力より徒歩10分
◎ホームページ http://www.tcu-todoroki.ed.jp/ 学校見学等は随時受付けています。詳細はお問い合わせください。

高校入試の基礎知識

近づく都立高校推薦入試
注目の「集団討論」とは？

首都圏各地で私立、公立高校とも入試に突入します。神奈川県公立高校は大幅に入試制度が変更され、東京都立高校でも推薦入試の改革が行われます。今回は都立高校推薦入試で初めて行われる「集団討論」について、その進行を思いきって予想してみることにします。

集団討論の進行を大胆予想

いよいよ入試が近づいてきました。東京都立高校では、入試形態の変更が予定されている推薦入試の出願が1月24日、もうすぐそこですね。

とくに今回、都立高の推薦入試では、初めての試みである集団討論が行われます。その内容は一体どのようなものなのか、各校のホームページを見る限りでは「その中身はさっぱりわからない」というのが正直なところでしょう。

各校とも抽象的な「評価の観点」は発表したものの、具体的にどのような形態で討論が行われるかについては言及していないからです。

そこで「サクセス編集室」では、集団討論の進め方について、大まかに予想してみることにしました。

都立高の推薦入試は1月27日、28日の両日行われます。

その日程のなかに作文（または小論文）、個人面接、集団討論を組み込みます。**日比谷**や**八王子東**、**国立**、**国分寺**などは単日（27日）で行うとしていますが、多くの学校では27日、28日の2日間かけて実施するとしています。

各校が公表した部分をつなぎ合わせてみると、「ことばによるコミュニケーション能力を1グループ30分程度で集団討論で検査する」「1グループは5～6人」で、「テーマとなる簡単な文章を基に受検者同士で討論を行い、他者の考えを理解する力や自分の考えを論理的に表現する力を検査する」という内容です。

願書提出時に集合時間を個別に通知するとしている学校（**国立**など）や、学校によっては男女を分けて実施するところもありそうです。

テーマは開始直前にわかる

東京都教育委員会では、採用された教職員の初任者研修で、集団討論を通じて教師力養成の一助としています。また、高校3年生を対象に、大学進学後のリーダー育成を主眼とする「東京未来塾」の入塾試験に集団討論を採用していますので、その形態が参考になりそうです。

集団討論はグループディスカッションとも呼ばれ、普通、複数の受検生に、1つのテーマを与えて討論させ、その様子を試験官が見ながら評価するという形式で行われます。

具体的には、受検者5人程度で1つのグループを作って討論をし、その近くで2～3人の試験官が討論の様子を見ながら、評定表などを用いて検査していく形になりそうです。

与えるテーマを事前に提示すれば、討論が深まるのではないか、という案も「入学者選抜検討委員会」で議論されましたが、2013年度は、討論の直前に知らせることでまとまりました。事前に準備ができると、塾などの指導でみんなが同じ方向の意見にまとまり、かえって討論が深まらないのではないか、という懸念からです。

テーマを知らされたあと、少しの間、考える時間が与えられます。このときメモをとることなどはできそうです。

身近なことがテーマに

テーマは各校が独自に決めることになっており、短い文章で示してあります。

ここからは、あくまで本誌の予想ですが、インターネット情報の問題点関連や、身近な環境のことなどが多くなりそうです。

例えば、その学校が行っている公園清掃のことなどボランティア関連のことかもしれません。

考察するのが難しいテーマや、一般の中学生が把握できないようなテーマではありませんので、まず、自分の考え、方針をしっかりと決めてから討論に入りましょう。

この集団討論はディベート（一定のテーマについて、賛否2つのグループに分かれて行われる討論）ではありませんので、意見を戦わせる必要はありません。

テーマに対して、そのグループ全体としての意見をまとめる建設的な討論をするのだ、と理解しておきましょう。

試験官は、ある目的に向けてグループで議論を進めていく過程で、受検生それぞれがどのような役割を果たし、グループの討論の深まりに参加しているのかを検査しています。

従来の筆記試験、グループ面接では見ることのできなかった受検生の一面（コミュニケーション能力、協調性やリーダシップ、協調性＝バランス感覚、思考力、判断力、表現力など）を、この集団討論で把握することを目的としているのです。

個人面接や、これまでのグループ面接では、協調性やリーダーシップをその場で見抜くことは困難でした。受検生個人の発言や自己ＰＲ等、受検生側の発信から「推測」することしかできませんでした。

それが集団討論では、グループで実際にその場で討論させ、個人が集団とコミュニケーションを取ろうとするなかでリアルタイムに受検生の本質に迫ることができるのです。

司会者も受検生のなかから

部屋に入り着席したら、集団討論のおおまかな流れが試験官から説明され、制限時間も示されます。

テーマが発表され（おそらく文書で配られ全員が同時に開く）、それぞれが短い時間考えたあと（メモが許されていたら自分の考えを書き留めておきましょう）、司会者をまず決めます。

司会者への立候補がなければ試験官が司会となります。

各自順番に1～2分程度、テーマについての意見を発表します。学校によっては、各自がテーマに対する意見を考えたのち、いきなり自由に討論を開始することもあるかもしれません。討論の進め方や役割分担（司会以外のメモ係など）の決定は、役割を考えるところから、基本的にすべて受検生に任されます。

時間になったら、グループでまとめた結論を司会者もしくはグループの代表が発表します。あなたが代表になるかもしれませんので、ほかの受検生の意見などもメモしておく余裕を持ちましょう。発表する相手は試験官であり、グループのみんなです。

さて、司会者に立候補した方がよいのか、ということが心配ですね。

討論の進行役である司会者の仕事は、「①討論の流れを作る　②討論の節目で話を整理する　③グループの受検生全員に発言機会を均等に与える　④討論が行きづまったら流れを修正する」といったところでしょうか。

生徒会などで議長を務めたことがあるなど、進行役に自信があればよいのですが、なければ無理をして司会に立候補することはありません。

◇

さて、ここまでの記述はすべて、「一般的に行われている集団討論」を基にした、あくまでサクセス編集室の推定によるものです。

この予想を見て心配になった受検生もいるでしょう。例えば、みんなの前では緊張する、口ベタだ、自分は引っ込み思案だし…という受検生は心配ですね。

でも、心配はいりません。さきほどの「入学者選抜検討委員会」は、そのような受検生が不利にならないように、個人面接は集団討論を担当した試験官が同じ受検生を担当し、受検生が集団討論で言い足りなかったり、表現しきれなかった部分を聞き出すように指示しているからです。

編集部一同、みなさんのご検討をお祈りしています。

12月号の答えと解説

問題

論　理　パ　ズ　ル

Aさん、Bさん、Cさん、Dさんの同級生4人は、書道部、体操部、テニス部、美術部のいずれかに所属しています。また、4人の通学手段は、電車、バス、自転車、徒歩のいずれかです。

この4人のある日の登校時刻について、次の①～⑤がわかっています。ただし、4人の所属している部活、通学手段はそれぞれ異なっていて、同時に登校してきた人はいませんでした。

① Cさんのあとに体操部の人が登校してきました。

② テニス部の人は自転車通学ではなく、この人が登校してきたのは1番目ではありません。

③ Aさんの次に自転車で通学している人が登校し、美術部の人はそのあとに登校してきました。

④ バスで通学している人は書道部でなく、この人の次にDさんが登校してきました。

⑤ 書道部の人は徒歩通学ではなく、4番目に登校してきた人はDさんではありません。

このとき、正しいといえるのはア～エのどれでしょう。

ア　この日1番目に登校してきたのはCさんで、美術部に所属し、バスで通学しています。

イ　この日2番目に登校してきたのはAさんで、テニス部に所属し、徒歩で通学しています。

ウ　この日3番目に登校してきたのはDさんで、体操部に所属し、自転車で通学しています。

エ　この日4番目に登校してきたのはBさんで、書道部に所属し、電車で通学しています。

解答　ウ

解説

条件③からAさんの登校は1番目か2番目、条件④と⑤から、Dさんの登校は2番目か3番目となります。ここで、右のような表を作って条件を整理してみましょう。

登校の順番	1	2	3	4
人				
部活動				
登校手段				

（ア）Aが1番目の場合

条件①、③、④から順に表を埋めていくと、下のようになりますが、テニス部と書道部を入れる場所がなくなってしまいます。

登校の順番	1	2	3	4
人	A	D	C	
部活動			美	体
登校手段	バ	自		

（イ）Aが2番目の場合

条件①から順に表を埋めていくと、下のように矛盾なく表が埋まります。

登校の順番	1	2	3	4
人	C	A	D	B
部活動	書	テ	体	美
登校手段	電	バ	自	歩

中学生のための 学習パズル

今月号の問題

Q 英語クロスワードパズル

　カギを手がかりにクロス面に単語を入れてパズルを完成させましょう。

　最後にa～fのマスの文字を順に並べると、ある身体の部分を表す単語が現れます。それを答えてください。

1	■	2		3		4	
5		e	■		■	b	■
	■	6		a			
7	8		■		■		■
■		■	9	■	10		11
12		f				■	
■		■		■	13	d	
14 c						■	

ヨコのカギ（Across）

2 second → ___ → hour
5 travel by ___ （船旅をする）
6 the United ___s （国際連合）
7 some ___ （ある日、いつかそのうちに）
10 child − children, man − ___
12 サラダに、コロッケ、おでんの具にも
13 ⇔daughter
14 ___ after me. （私のあとについて言ってください）

タテのカギ（Down）

1 a ___ car （中古車）
2 Take as ___ as you want. （ほしいだけお取りください）
3 メモ、覚え書き
4 this − these, that − ___
8 Our plane is flying ___ the clouds. （私たちの飛行機は雲の上を飛んでいます）
9 I ___ up at six every morning. （毎朝６時に起きます）
10 ⇔least
11 ___ tenths （十中八九）

12月号学習パズル当選者

（全正解者36名）

★半貫　淳也くん（埼玉県狭山市・中３）
★弘川　貴教くん（神奈川県相模原市・中２）
★赤沼　未来さん（埼玉県入間郡・中２）

応募方法

●必須記入事項

01 クイズの答え
02 住所
03 氏名（フリガナ）
04 学年
05 年齢
06 右のアンケート解答
「アーティスト・ファイル2013」「奇跡のクラーク・コレクション展」（詳細は73ページ）の招待券をご希望のかたは、「●●展招待券希望」と明記してください。

◎すべての項目にお答えのうえ、ご応募ください。
◎ハガキ・ＦＡＸ・e-mailのいずれかでご応募ください。
◎正解者のなかから抽選で３名のかたに図書カードをプレゼントいたします。
◎当選者の発表は本誌2013年3月号誌上の予定です。

●下記のアンケートにお答えください。

A今月号でおもしろかった記事とその理由
B今後、特集してほしい企画
C今後、取りあげてほしい高校など
Dその他、本誌をお読みになっての感想

◆2013年2月15日（当日消印有効）

◆あて先
〒101-0047　東京都千代田区内神田2-4-2
グローバル教育出版　サクセス編集室
FAX：03-5939-6014
e-mail:success15@g-ap.com

日《に》本《ほん》工《こう》業《ぎょう》大《だい》学《がく》駒《こま》場《ば》高等学校

東京都目黒区駒場1-35-32
京王井の頭線「駒場東大前」徒歩3分、東急田園都市線「池尻大橋」徒歩15分
TEL：03-3467-2130
URL：http://www.nit-komaba.ed.jp/

問題

図のように，AB//CDの状態から点Oを中心に一定の速度で△OABを時計周りに１回転させます。回転させたときのABについて，ODとの交点をF，CDとの交点をG，OCとの交点をHとします。また，10秒後に点O，B，Dはこの順に一直線上に並びます。OB＝１，OC＝CD＝DO＝２のとき，次の問いに答えなさい。

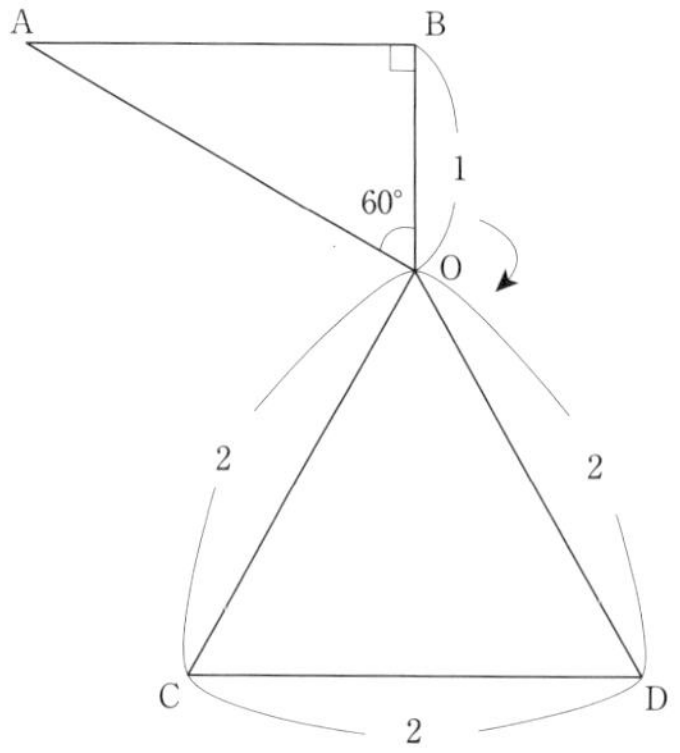

(1) １秒間で回転する角度の大きさを求めなさい。

(2) 12秒後のBF：FAを求めなさい。

(3) 13秒後の△OFAの面積を求めなさい。

(4) 16秒後の△HCGの面積を求めなさい。

解答 (1) 15° (2) 1：2 (3) $\frac{\sqrt{3}-1}{2}$ (4) $\frac{4\sqrt{3}-6}{3}$

安《やす》田《だ》学《がく》園《えん》高等学校

東京都墨田区横網2-2-25
都営大江戸線「両国」徒歩3分、JR総武線「両国」徒歩6分、都営浅草線「蔵前」徒歩10分
TEL：03-3624-2666
URL：http://www.yasuda.ed.jp/

問題

13枚のカードに１～13までの数字が１つずつ書いてあります。この13枚のカードをよくきって１枚取り出し，それをもとに戻さないでもう１枚取ります。１枚目の数字をa，２枚目の数字をbとするとき，次の問いに答えなさい。

(1) $a-b>8$となるのは何通りあるか答えなさい。

(2) $\sqrt{\frac{a}{b}}$が自然数となる確率を求めなさい。

(3) $(\sqrt{a}+\sqrt{b})^2$が自然数になる確率を求めなさい。

解答 (1) 10通り (2) $\frac{1}{39}$ (3) $\frac{5}{78}$

私立高校の入試問題に

専《せん》修《しゅう》大《だい》学《がく》附《ふ》属《ぞく》高等学校

東京都杉並区和泉4-4-1

京王線「代田橋」徒歩10分
地下鉄丸ノ内線「方南町」徒歩10分

TEL：03-3322-7171

URL：http://www.senshu-u-h.ed.jp/

願書配布について

学校窓口にて、学校案内・入学願書を配布しています。郵送をご希望される場合は、ホームページより、必要事項をご入力の上、資料請求を行って下さい。

問題

つぎの（　）内の語を適切な形にしなさい。

(1) My brother got up (early) than me this morning.

(2) The boy (swim) in the river is Ken.

(3) Have you (do) your homework yet?

(4) This is Mike. He is a friend of (I)

(5) Kiyoshi is the (old) of the three.

(6) What is the language (speak) in Singapore?

解答　(1) earlier (2) swimming (3) done (4) mine (5) oldest (6) spoken

中《ちゅう》央《おう》大《だい》学《がく》杉《すぎ》並《なみ》高等学校

東京都杉並区今川2-7-1

西武新宿線「上井草」徒歩12分、
JR中央線「荻窪」・「西荻窪」・
西武池袋線「石神井公園」バス

TEL：03-3390-3175

URL：http://www.chusugi.jp/

問題

図の平行四辺形ABCDにおいて，AB//EFであり，点Gは線分EFと対角線BDの交点です。また，△BFGの面積をS_1，△DEGの面積をS_2，四角形ABGEの面積をS_3，平行四辺形ABCDの面積をS_4とします。$S_1：S_2＝1：4$のとき，$S_3：S_4$をもっとも簡単な整数の比で答えなさい。

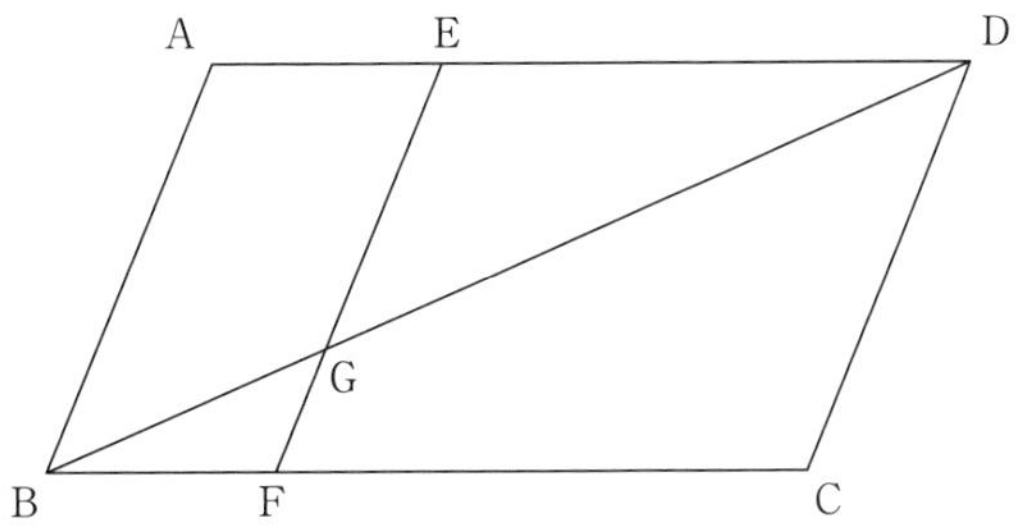

解答　$S_3：S_4＝5：18$

お便りコーナー サクセス広場

あなたの得意技教えてください

ネコの鳴き声です。自分ではそんなに似てると思ってなかったけど、この間、家の前でマネしていたらネコが３匹も寄ってきました。
（中２・猫の宅急便さん）

ぼくは、塾の漢字テストで出る**漢字が1回書いただけで覚えられ**るんです！
（中２・ネズまるさん）

人の話を聞くことです。話し下手なので、人の話を聞く方が好きです。昔は聞いているだけではいけないと思っていたけど、いまは聞くことで、その人がたくさん話してくれるとうれしいです。もっと聞き上手になって、いろいろな人の話が聞けたらいいなと思います。
（中３・ベーコンさん）

私の得意技は**どんなところでも時間があれば寝てしまう**ことです。電車のなかで立って寝ることはよくあります。学校の授業中は寝ませんよ（笑）
（中３・りえまんさん）

ショートケーキを作ることです。お菓子作りは得意ですが、私の作るショートケーキは自分でもびっくりするほどおいしくて、みんなぺろりと食べてしまいます。もっともっと研究を重ねて、お店に出せるくらいになったらいいなと思います。
（中１・ごんちゃんさん）

ペン回しはクラスで一番うまいです。
（中１・HOさん）

お年玉、なにに使う？

受験が終わるまで貯めておいて、受験が終わったら…それで友だちみんなと人生初の**ディズニーランド**へ行きます！
（中３・受験頑張りますさん）

自転車です。急に身長が伸びてこれまで使ってた自転車に乗れなくなっちゃったので。半年で15㎝伸びました。
（中１・ジャイアントロボさん）

ちょっと立派な**お守り**を買うつもりです。受験前にできることはやっておきたい！
（中３・困ったときの神頼みさん）

いまの**パソコン**が古くて動画が見れないので、新しいパソコンを買います！
（中１・槇タケポンさん）

お年玉をもらったら映画館へ行って**映画をたくさん観たい**です。映画館で映画を観るのが好きなので、冬休みは時間もあるし、１日中観ていたい！　冬は寒いし、そういうのが最高です。
（中１・コテツさん）

両親の結婚記念日が１月にあるので、妹といっしょに**プレゼント**を買おうと話しています。
（中３・ママ大好きさん）

自分的こだわりのモノ

マグカップです。大きさや色、模様、形など好みのマグカップが見つかったときには買うようにしています。いつか、家の棚いっぱいに自分の好きなマグカップを並べてみたいです。
（中２・えんどうさん）

自分の**シャーペン**じゃないとしっくりきません。多分、受験でシャーペンを忘れてだれかに借りたら落ち着かなくて失敗すると思います。
（中２・みっちゃんさん）

究極のところ、ラーメンは**しょうゆ**が一番です。
（中１・ラーメンマンさん）

カバンにつけるアクセサリーにはこだわります。私の学校はあまり厳しく言われないので、友だち同士でかわいさをいつも競っています。
（中３・T・Kさん）

募集中のテーマ

「やらなくて後悔したこと」
「魔法が使えたらなにがしたい?」
「卒業する先輩から後輩へ」

応募〆切 2013年2月15日

必須記入事項

A／テーマ、その理由　B／住所　C／氏名
D／学年　E／ご意見、ご感想など

ハガキ、FAX、メールを下記までどしどしお寄せください!
住所・氏名は正しく書いてください!!
ペンネームは氏名のうしろに(　)で書いてネ!
【例】サク山太郎(サクちゃん)

あて先

〒101-0047　東京都千代田区内神田2-4-2
グローバル教育出版　サクセス編集室
FAX:03-5939-6014　e-mail:success15@g-ap.com

ここにメールしてね!!

success15

ケータイから上のQRコードを読み取り、メールすることもできます。

掲載されたかたには抽選で図書カードをお届けします!

掲載にあたり一部文章を整理することもございます。個人情報については、図書カードのお届けにのみ使用し、その他の目的では使用いたしません。

アート

デザインあ展

2月8日(金)～6月2日(日)
21_21 DESIGN SIGHT

展覧会に発展した NHK Eテレの「デザインあ」

NHK Eテレで放送中の番組「デザインあ」。子どもたちの未来をハッピーにする「デザイン的思考」を育てることを目的とした「デザインあ」が展覧会に発展。この展覧会では、「デザインマインド」をテーマとし、日々の生活や行動するうえで欠かせない洞察力や想像力、無意識的に物事の適性を判断する身体能力を育むために、音や映像を活かし、全身で体感できる展示がされている。

アート

アーティスト・ファイル2013 ―現代の作家たち

1月23日(水)～4月1日(月)
国立新美術館 企画展示室2E

利部志穂《水位》2011年 不要になったもの（給食調理器具）、ステンレス、アルミ素材、ヘリウムガス、他 撮影：若林勇人

「アーティスト・ファイル2013」の招待券を10組20名様にプレゼントします。応募方法は69ページを参照。

いま注目すべき 現代アートの作家たち

2008年の第1回目から、今回で5回目を数える「アーティスト・ファイル」展。国立新美術館の学芸スタッフが推薦する国内外で注目すべき活動を展開する作家を数名選び、個展形式で紹介する。

テーマは設けず、絵画、写真、映像など、多岐にわたり、現代アート作家たち独自の世界を展開。日本人作家5名のほか、イギリス、インド、韓国から3名の作家が参加する。

イベント

落ちないオランウータンに あやかり合格祈願

1月2日(水)～2月26日(火)
多摩動物公園

オランウータンにあやかって 受験も落ちないように

樹上で生活するオランウータンは木にしっかりつかまって、落ちることはない。多摩動物公園ではそんなオランウータンにあやかった合格祈願の催しが行われている。

オランウータン舎前には特設ブースが設置され、合格祈願の絵馬や特製用紙に願い事を書いて結ぶことができる。絵馬は1月2日、3日と期間中の日・祝日に各100枚、特製用紙は全日用意されている。

サクセス イベント スケジュール 1月～2月

世間で注目のイベントを紹介

大学入試センター試験

大学入試センターが実施する試験で、高等学校段階における基礎的な学習の到達度を判定することをおもな目的としている。全国の国公立大学と513校の私立大学、短大なども参加しており、教科・科目は6教科・29科目にもおよぶ。

アート

奇跡のクラーク・コレクション ―ルノワールとフランス絵画の傑作―

2月9日(土)～5月26日(日)
三菱一号館美術館

ピエール＝オーギュスト・ルノワール《劇場の桟敷席（音楽会にて）》1880年、油彩／カンヴァス、クラーク美術館蔵Image© Sterling and Francine Clark Art Institute, Williamstown, Massachusetts, USA

「奇跡のクラーク・コレクション」の招待券を5組10名様にプレゼントします。応募方法は69ページを参照。

さまざまな奇跡が集まった 日本初開催のコレクションの数々

ルネサンス時代から19世紀末までの欧米の傑作を幅広く所蔵するクラーク美術館。そのクラーク美術館の増改築工事に伴い、2011年より印象派を中心としたコレクションの数々が世界を巡回しており、日本では初めての開催となる。展示される全73作品中なんと59作品が日本初上陸。22点ものルノワールの作品を中心に、ミレーやマネなど目にしたことのないフランス絵画を一堂に見ることができる。

科学

ロボット・アスリートCUP2013 in はまぎん こども宇宙科学館

1月26(土)～27(日)
はまぎん こども宇宙科学館

さまざまなロボットが競演する ロボット競技会

はまぎんこども宇宙科学館を会場として3回目となる「ロボット・アスリートCUP」。大学生と高校生、一般のロボットビルダーたちが参加し、2足歩行・多脚ロボットによる競技会が行われる。競技種目はビーチフラッグや20m走、自由パフォーマンス、ダンスなどさまざま。また、特設会場では、マルモリ体操を踊るロボットとして人気のMANOI型ロボットによる実演も行われる。

アート

JAGDAやさしいハンカチ展 Part 2

1月15日(火)～2月17日(日)
東京ミッドタウン・デザインハブ

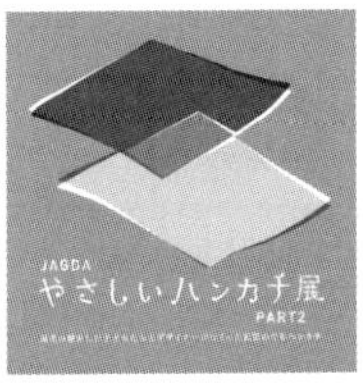

被災地の小学生が描いた ハンカチを展示販売

2011年に行われた日本グラフィックデザイナー協会による「やさしいハンカチ展」の2回目。今回は東日本大震災で被災した岩手・宮城・福島の子どもたち232名による絵をもとに、デザイナー385名がハンカチをデザインし、全国で展示・販売される。完成したハンカチは絵を描いた子どもたちへ贈られるとともに、販売収益も各小学校へ還元し、被災地の未来のために役立てる。

～サクセス18のご紹介～

サクセス18は早稲田アカデミーが創った現役生難関大学受験専門塾です。

難関大に現役合格！サクセス18はここが違う!!

進学塾 早稲アカスタイルの継続

サクセス18 ここが違う！

大手予備校にはないキメ細やかさ

サクセス18は開成・慶女・早慶高校合格者数全国No.1（2012年当社調べ）の進学塾早稲田アカデミーの大学受験部門です。「本気でやる子を育てる」という教育理念に基づき、「私語のない緊張感のある授業」「少人数制で発問重視の授業スタイル」「復習型の丁寧な講義」など早稲田アカデミーが創立以来進学実績を伸ばし続けてきたエッセンスを継承しています。更に少人数クラスのライブ授業で競争原理の働く環境を維持しながら、現役高校生に特化したきめ細やかな指導で「普通の学力の生徒」を憧れの難関大学現役合格へと導きます。

早稲田アカデミー サクセス18		他の塾・予備校
トップレベルの合格実績の伸び	開成高校の合格者数5名から全国No.1の88名（定員100名）まで伸ばした早稲田アカデミーは、大学入試でも合格実績を伸ばし続けています。東大・早慶上智大の合格者数の伸び率は業界トップレベルです。また現高3生の成績も良好で、今後の入試においても大幅な躍進が期待できます。	少子化とそれに伴う浪人生の減少により、多くの塾や予備校が難関大への合格実績において伸び悩んでいるのが現状。成績を上げるノウハウを持つところとそうでないところとの格差が大きい。
少人数制クラス	1クラス15名程度の少人数制。きめ細やかな個別対応が可能です。さらに学力別・志望校別クラス編成で同じ目標を持つ友人たちと競い合いながら学力を高めます。	1クラス30名～80名と大規模クラス。生徒一人ひとりの学力把握は難しい。
対話・発問重視の緊張感のある授業	講義と同時に生徒一人ひとりの反応や理解度に細心の注意をはらう対話・発問重視の緊張感のある授業。講義と実践演習の複合授業。	予習を前提とした解説型の授業が多く、授業中の質問などは難しい場合が多い。積極的な生徒でなければ授業後の質問もしづらい。
充実した定期試験対策	塾生は土曜・日曜に開催する定期試験対策授業と、平日開催のトレーニング型個別指導“F.I.T.”を無料で受講できます。完全に個別の対応が可能です。	多くの大学受験予備校は学校の定期試験対策までは行わない。定期試験対策を行っているところも特定の高校に偏るなど在籍する生徒すべてには対応できていない。
授業担当による進路指導	生徒を実際に教えている講師が面談も担当します。数値データとあわせて生徒の個性を把握した最適な指導が行えます。	授業を担当しないカウンセラーが模試データにもとづいてアドバイスするのみ。

高1からはじめれば早慶上智大合格へ！

サクセス18 ここが違う！

早稲田アカデミーなら夢がかなう！

やる気を引き出す授業、夢を同じくする仲間と競い合いお互いを高める環境、全スタッフが生徒一人ひとりの個性を理解し、適切な学習法をアドバイスする指導。早稲田アカデミーなら、このシステムがあるから、**始めたときには東大や早慶上智大は夢や憧れでしかない学力でも大きく伸びて第一志望に現役合格**できるのです。

東大、そして早慶上智大へ高い合格実績

サクセス18 ここが違う！

2012年度 大学入試実績

東京大学67名合格！（文Ⅰ13名・理Ⅲ4名含む）

早慶上智大403名合格！

GMARCH理科大506名合格！

在籍約1100名からの実績

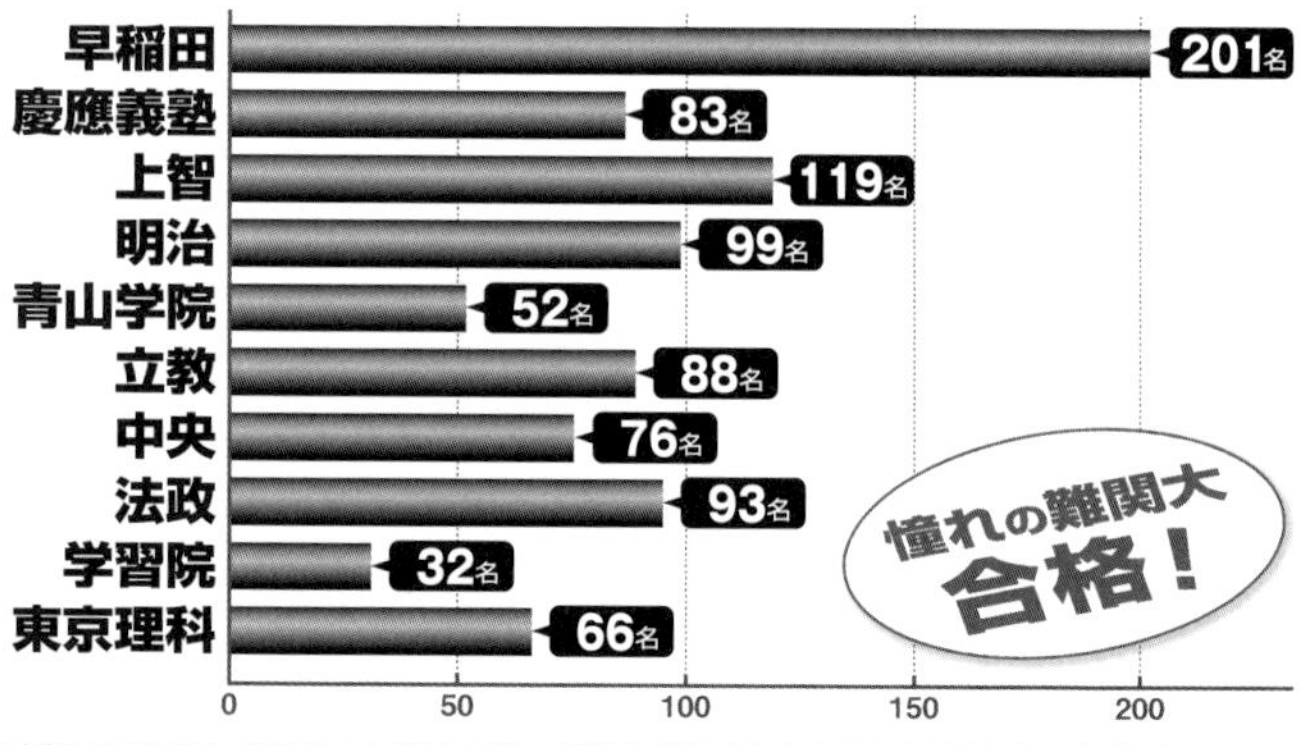

※模試受験のみの生徒は一切含まれていません。早稲田アカデミーの平常授業または志望校別クラス・冬期東大合宿に在籍し、授業に参加された方のみを対象としております。

トレーニング個別指導F.I.T.（フィット）

サクセス18 ここが違う！

君の目的に合った教材で学習し、スタッフに自由に質問できる!!

一人ひとりに合わせた個別トレーニングF.I.T.（フィット）
君の目標に合わせたカリキュラムで君の時間に合わせて学習できる！

F. I. T.は、演習トレーニングと個別指導を組み合わせたサクセス18の学力向上プログラムです。都合の良い時間を選んで、演習とアシストスタッフによる個別指導が受講できます。クラス授業の開始前の時間で学校の復習をしたり、定期テストの直前の演習をしたりとスケジュール・カリキュラムは自由自在。

学校の定期試験範囲に合わせた演習 ＋ 塾の授業の類題演習で得点力をアップ ＋ 倫理、政経、地学などのセンター試験対策 ▶ 君だけにぴったり合わせた**タイムリーな演習**

塾生はすべて 無料

大学受験も 早稲田アカデミー SUCCESS18

中3生必見!!

難関大受験のスタートは 早稲田アカデミー SUCCESS18で

現役生難関大受験専門塾サクセスエイティーン

新高1春期講習会

無料

さあ、4月からは憧れの高校1年生。

期間				
第1ターム	3/1(金)▶3/21(木)		第3ターム	3/26(火)▶3/29(金)
第2ターム	3/22(金)▶3/25(月)		第4ターム	3/31(日)▶4/3(水)

※第1タームは、校舎によって授業実施日が異なります。

最大24時間の講習会が無料で受講できます

早稲田アカデミーの大学受験部門であるサクセス18では、「私語の無い緊張感のある授業」「少人数制で発問重視の授業スタイル」「復習型の丁寧な講義」など、**早稲アカ伝統のスタイル**で、高校生のみなさんを強力にバックアップします。これから高校生になるみなさんがスムーズに高校生活のスタートを切ることが出来るように、サクセス18では**最大24時間を無料で受講できる春期講習会**をご用意しています。進度の速い高校のカリキュラムをきちんと理解しながら学習を進めていくためにも、早稲田アカデミーサクセス18で一足早いスタートを切りましょう。

難関大学合格のカギは高1からスタート!

高1で学習することが高2、高3でさらに発展していきます。扱う内容も中学の時よりも深く掘り下げて学び、「暗記ではなく思考」を重視した学習に変化していきます。さらに、高校は同じ入学試験を合格した同レベルの仲間達とのハイレベルな争いです。となれば、「先んずれば人を制す」です。春休みという高校入学前の大切な準備期間を利用して、ライバルよりも一歩リードしよう。

高1からの在籍で偏差値65以上の 早慶上智大 合格者の55%は高校1年生のときには偏差値40~50台だった。

高1から通って夢がかなった!

2012大学入試 早慶上智大合格者の高1生シニアテスト（英・数・国）偏差値より

新規開校 御茶ノ水校 ………03-5259-0361 **新入生受付中**

本気、現役合格 早稲田アカデミー 現役生難関大受験専門塾サクセスエイティーン SUCCESS18

教務部高校課

早稲田アカデミー 検索

「高校生コース」をクリック!

〒171-0014 東京都豊島区池袋2-53-7

☎03(5954)3581(代)

http://www.waseda-ac.co.jp

池袋校	03(3986)7891(代)
御茶ノ水校	03(5259)0361(代)
渋谷校	03(3406)6251(代)
大泉学園校	03(5905)1911(代)
荻窪校	03(3391)2011(代)
国分寺校	042(328)1941(代)
調布校	042(482)0521(代)
新百合ヶ丘校	044(951)0511(代)
宮崎台校	044(855)4481(代)
大宮校	048(641)4311(代)
所沢校	04(2926)2811(代)
志木校	048(476)4901(代)

医学部へ一人ひとりをナビゲート！

高3対象　志望校別完全対策　直前ゼミ　全26大学講座　1/17㊍～2/27㊌

40年以上蓄積してきた合格ノウハウの全てを君に！
1次試験から2次面接対策まで、充実のフルサポート！

- **Point 1**　同じ大学を目指すライバルと競い合う短期完結ゼミ
- **Point 2**　的中率抜群の入試予想問題で志望校対策が完成！
- **Point 3**　40年以上の入試研究から生まれるオリジナル教材
- **Point 4**　2次面接対策や小論文対策で医学部受験をフルサポート

3日間完結講座			
1/17～1/19	1/21～1/23	1/24～1/26	1/28～1/30
金沢医大 順天堂大 埼玉医大（前） 医系大(歯・薬)総合	昭和大 北里大 藤田保衛大（前） 医系大(歯・薬)総合	聖マリアンナ医大 日本医大 帝京大 医系大(歯・薬)総合	女子医大 慈恵医大 獨協医大

3日間完結講座		6日間完結講座	
2/4～2/6	2/18～2/20	2/11～2/16	2/21～2/27
日本大	藤田保衛大（後） 慶應大	国公立大 埼玉医大（後）	昭和大（Ⅱ）

※理科科目の講座は、旧設校・難関校対策と新設校・中堅校対策に分けて実施します。

個別指導　医学部の入試問題は大学によって全く異なるから　志望校別対策なら

個別指導 メディカル・ウィン
MEDICAL WIN

医学部受験指導20年超の講師陣
東大系ベテラン講師
担当する講師は、指導歴20年以上のベテラン講師が中心となります。医学部受験の歴史を全て知っている講師だからこそ、あなたが目指す大学への最短距離を指導できるのです。

×

過去の傾向から最新の分析まで
志望大学過去問題
テキストはあなたが目指す志望大学の過去問を徹底分析して作成します。過去の傾向を学び、研究していくことで、きっと今年の試験傾向が浮かび上がるはずです。志望校の入試問題の「特徴」を学びましょう。

×

志望校との溝を効果的に埋める
1対1個別指導
集団授業では、大学の傾向は学べても、あなたと大学の間にある溝を浮き彫りにし、埋めていくことは困難です。だからこそ、志望校対策に特化した個別指導を新たに開講しました。

×

医学部受験指導43年の伝統
大学別入試情報
医学部入試には、様々な知識や情報が必要になりますが、こういった情報は全てが公表されているわけではありません。医学部受験専門で40年以上の歴史がある野田クルゼだからこそ提供できる情報があります。

2次面接対策もお任せ下さい。

高2 高1対象　最難関医学部を目指すライバルだけが集う「競い合う空間」　日曜集中特訓　医学部必勝講座

1ヶ月に1回／英語・数学・チェックテスト

講義⇒演習⇒試験というサイクルにより、あいまいな理解から生じる些細なミスをなくし入試において高得点を狙える学力を定着させます。同時に難易度の高い入試問題を扱いながら、現役生が浪人生に比べて不利になることが無いよう、実践的な問題演習を行います。

2月生募集中　**無料体験**

1/27㊐，2/10㊐

10:00～12:00……英 語
13:00～15:00……数 学
15:10～16:10……英語試験
16:20～17:20……数学試験

最難関医学部必勝講座（選抜クラス）　千葉大、筑波大、医科歯科大 などを中心に受験を考えている皆さんのためのクラスです。

高2・高1生対象：最難関医学部必勝講座　タイムテーブル（例）

	10:00～12:00	13:00～15:00	15:10～16:10	16:20～17:20
1回目	英　語	数　学	英語試験	数学試験

高校生対象　夢！クルゼでつかめ！医学部現役合格

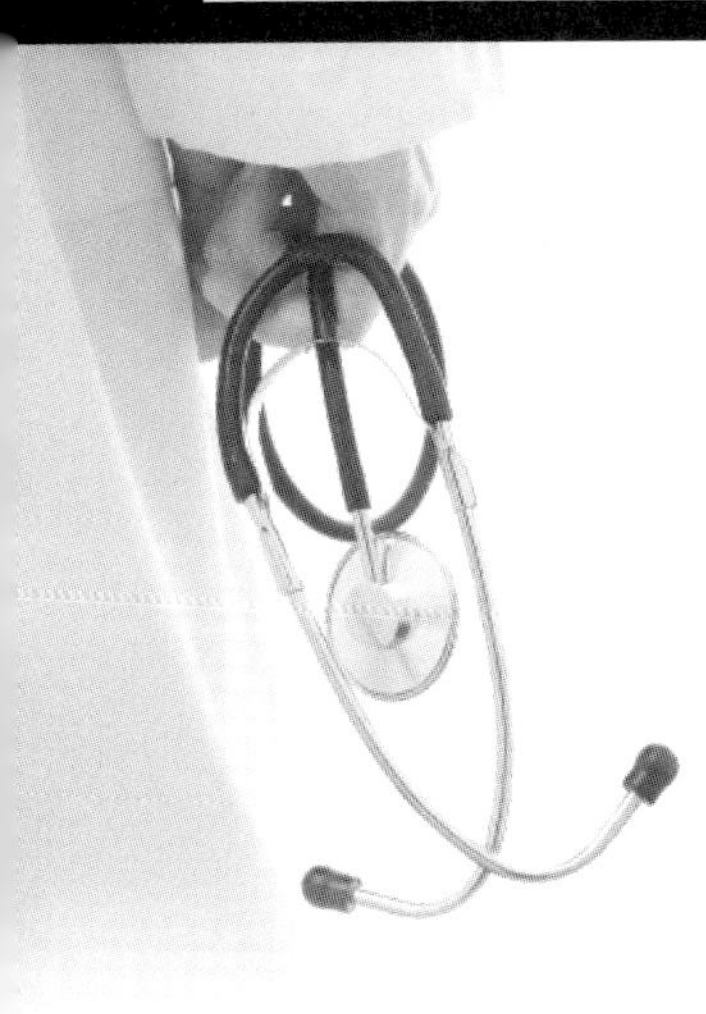

2012年合格実績　**昨年度に続き、医学部合格者数増**

医学部完全合格72名‼

筑波大学 医学部‥‥2名	琉球大学 医学部‥‥‥1名	東京慈恵会医科大学‥4名
日本医科大学‥‥‥4名	順天堂大学 医学部‥‥‥2名	防衛医科大学‥‥‥‥1名
昭和大学 医学部‥‥7名	東京女子医科大学‥‥‥9名	東京医科大学‥‥‥‥1名
日本大学 医学部‥‥1名	東邦大学 医学部‥‥‥‥5名	杏林大学 医学部‥‥‥7名

その他、多数合格！

医学部受験専門エキスパート講師が生徒が解けるまでつきっきりで指導する！
だから最難関の医学部にも現役合格できる！

医学部という同じ目標を持つ仲間と切磋琢磨！

現役合格は狭き門。入試でのライバルは高卒生。

一部の高校を除き、医学部志望者がクラスに多数いることは非常に稀です。同じ目標を持つ生徒が集まる野田クルゼの環境こそが、医学部現役合格への厳しい道のりを乗り越える原動力となります。

また、医学部受験生の約70%は高卒生です。現役合格のためには早期からしっかりとした英語、数学の基礎固めと、理科への対応が欠かせません。

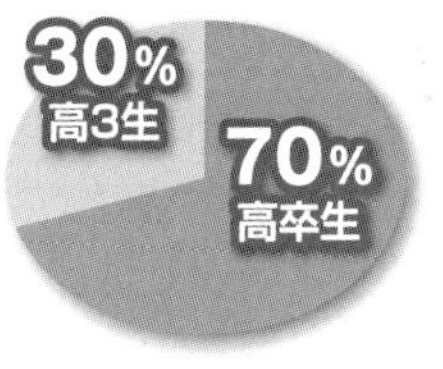

■医学部受験生の割合

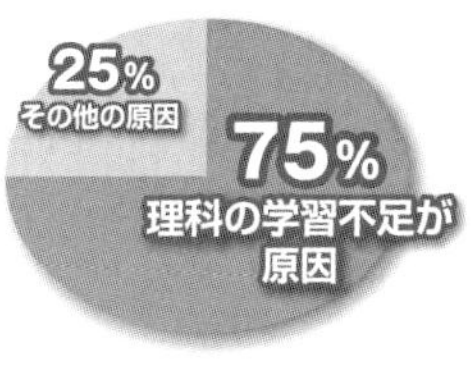

■現役合格を逃した原因

Point 1
一人ひとりを徹底把握
目の行き届く少人数指導
講義は平均人数10〜15名程度の少人数で行われます。生徒別の成績の把握、そしてさらに向上させるための個別の指示も可能な人数です。大手予備校には決して真似のできない細やかな対応が野田クルゼならできます。

Point 2
医学部専門の
定着を重視した復習型の授業
野田クルゼの授業は、丁寧な「導入」からスタートする復習型の授業です。そして全員の理解を確認しながら「類題演習」に入り、短時間で高度な内容まで踏み込みます。

Point 3
受験のエキスパート
東大系主力講師陣
クルゼの講師は、自らが難関を制した経験を持つ受験のエキスパート。医学部合格に必要な項目を的確に捉えた無駄のない指導だから、短期間で得点力を向上させます。

Point 4
いつでも先生が対応してくれる
充実の質問対応と個別指導
現役合格には、クルゼの学習と高校の学習の両立も非常に大切です。クルゼにおける授業内容だけではなく、学校の定期試験へ向けた準備のための質問にも対応します。

Point 5
推薦・AO入試も完全対応
経験に基づく万全の進路指導
医学部現役合格を狙うためには、一般入試の他に推薦入試やAO入試も視野に入れた対策を行う必要があります。

Point 6
医学部の最新情報が全て集結
蓄積している入試データが桁違い
40年以上蓄積してきた受験データや大学の入試担当者から直接調査した入試情報、卒塾生からの体験談など医学部の最新情報を提供します。

早稲田アカデミー教育グループ
医歯薬専門予備校
野田クルゼ
〈御茶ノ水〉

資料請求・お問い合わせ・各種お申し込みはお気軽にこちらへ

現役校　Tel 03-3233-6911(代)　Fax 03-3233-6922　受付時間 13:00〜22:00

本　校　Tel 03-3233-7311(代)　Fax 03-3233-7312　受付時間 9:00〜18:00

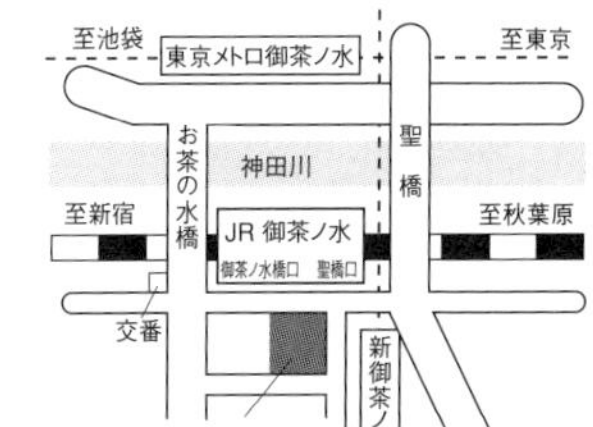

野田クルゼ
御茶ノ水駅前徒歩1分

野田クルゼの最新情報はホームページでもご確認いただけます。　野田クルゼ　検索

Success15 Back Number

2012
12月号

大学キャンパスツアー特集
憧れの大学を見に行こう！
高校生になったら留学しよう

SCHOOL EXPRESS
筑波大学附属駒場

Focus on
東京都立青山

New

2013
1月号

冬休みにやろう！
過去問活用術
お守りに関する深イイ話

SCHOOL EXPRESS
中央大学

Focus on
埼玉県立越谷北

2012
10月号

専門学科で深く学ぼう
数学オリンピックに挑戦!!

SCHOOL EXPRESS
日本大学第二

Focus on
東京都立両国

2012
11月号

効果的に憶えるための
9つのアドバイス
特色ある学校行事

SCHOOL EXPRESS
成城

Focus on
神奈川県立柏陽

2012
8月号

夏にまとめて理科と社会
入試によく出る著者別読書案内

SCHOOL EXPRESS
國學院大學久我山

Focus on
東京都立西

2012
9月号

まだ間に合うぞ!!
本気の2学期!!
都県別運動部強豪校!!

SCHOOL EXPRESS
巣鴨

Focus on
千葉県立佐倉

2012
6月号

難関校・公立校の
入試問題分析2012
やる気がUPする文房具

SCHOOL EXPRESS
専修大学松戸

Focus on
埼玉県立川越

2012
7月号

高校入試の疑問点15
熱いぜ！　体育祭！

SCHOOL EXPRESS
開智

Focus on
神奈川県立湘南

2012
4月号

私立の雄　慶應を知ろう！
四字熟語・ことわざ・
故事成語

SCHOOL EXPRESS
本郷

Focus on
千葉県立千葉東

2012
5月号

先輩に聞く
難関校合格のヒミツ!!
「学校クイズ」に挑戦!!

SCHOOL EXPRESS
筑波大学附属

Focus on
東京都立小山台

2012
2月号

入試直前対策特集
受験生に贈る名言集

SCHOOL EXPRESS
春日部共栄

Focus on
千葉市立稲毛

2012
3月号

いざっ！　都の西北早稲田へ
勉強が楽しくなる雑学【理科編】

SCHOOL EXPRESS
豊島岡女子学園

Focus on
東京都立三田

これより前のバックナンバーはホームページでご覧いただけます（http://success.waseda-ac.net/）

サクセス15 バックナンバー 好評発売中！

How to order バックナンバーのお求めは

バックナンバーのご注文は電話・FAX・ホームページにてお受けしております。詳しくは80ページの「information」をご覧ください。

さくいん

＜コーナー名＞

＜本文中記事＞

編集後記

新年明けましておめでとうございます。受験生のみなさんは目前に迫った入試のことで頭がいっぱいかと思います。勉強や緊張などさまざまなことで不安を抱えている人も多いでしょう。今月はそんな人にとって役立つ特集となっています。簡単に読めるので、勉強時間外に目を通してみてください。

後悔は、やったことよりも、やらなかったことの方が大きいと言います。試験が終わってから「あれもやっておけばよかった」と感じることのないよう、万全の準備で臨んでもらいたいものです。そして、100%の精神状態で、自分の実力をすべて出しきって頑張ってください。

You can do it！ (Y)

Information

『サクセス15』は全国の書店にてお買い求めいただけますが、万が一、書店店頭に見当たらない場合は、書店にてご注文いただくか、弊社販売部、もしくはホームページ(下記)よりご注文ください。送料弊社負担にてお送りします。

定期購読をご希望いただく場合も、上記と同様の方法でご連絡ください。

Opinion, Impression & etc

本誌をお読みになられてのご感想・ご意見・ご提言などがありましたら、ぜひ当編集室までお声をお寄せください。また、「こんな記事が読みたい」というご要望や、「こういうときはどうしたらいいの」といったご質問などもお待ちしております。今後の参考にさせていただきますので、よろしくお願いいたします。

サクセス編集室
TEL 03-5939-7928
FAX 03-5939-6014

高校受験ガイドブック2013 2 サクセス15

発行 2013年1月15日 初版第一刷発行
発行所 株式会社グローバル教育出版
〒101-0047 東京都千代田区内神田2-4-2
TEL 03-3253-5944
FAX 03-3253-5945
http://success.waseda-ac.net
e-mail success15@g-ap.com
郵便振替 00130-3-779535
編集 サクセス編集室
編集協力 株式会社 早稲田アカデミー

©本誌掲載の記事・写真・イラストの無断転載を禁じます。

Success15

2月号

Next Issue

3月号は…

Special 1

海外研修旅行ってどんなもの?

Special 2

部屋と頭をスッキリしよう!

School Express

早稲田実業学校高等部

Focus on

東京都立日比谷高等学校

2013年度入試用 首都圏　中学受験情報誌 合格アプローチ

公立中高一貫校ガイド

好評発売中！

首都圏の公立中高一貫校の
すべてがわかる最新ガイド
全18校を完全網羅！

●全国の書店でお求めください

A４変型 136ページ
定価：本体1,000円＋税
ISBN978-4-903577-45-6

●安田教育研究所所長・安田理氏が
2012年度の状況分析から2013年度入試を予想
●首都圏公立中高一貫校18校を徹底分析！
●森上教育研究所所長・森上展安氏が選ぶ
「公立中高一貫校と併願してお得な私立中高一貫校」
●解説をつけて全校の適性検査を紹介

株式会社 グローバル教育出版
〒101-0047 東京都千代田区内神田2-4-2　グローバルビル
TEL：03-3253-5944（代） FAX：03-3253-5945
http://www.g-ap.com

9784903577685

1926037008002

ISBN978-4-903577-68-5

C6037 ¥800E

定価：本体800円+税

グローバル教育出版

客注
書店CD：187280　29
コメント：6037
受注日付：241213
受注No：120594
ISBN：9784903577685
1／1
51
ココからはがして下さい

期生受付中

」… 早稲田アカデミーの教育理念は不変です。

す……ら何度もあることではありません。受験が終わってから「僕は本気で勉強しなかった」などと言い訳……んだったら、どうせ受験が避けて通れないのだったら思いっきり本気でぶつかって、自分でも信じられないくらいの結果を出して、周りの人と一緒に感動できるような受験をした方が、はるかにすばらしいことだと早稲田アカデミーは考えます。早稲田アカデミーは「本気でやる子」を育て、受験の感動を一緒に体験することにやりがいを持っています！

入塾テスト 無料

毎週土曜・日曜 時間 土曜日／14:00～ 日曜日／10:30～(2/17・24除く)

●小学生…算・国 ●中学生…英・数・国 ※新小5S・新小6Sは理社も実施

入塾説明会 最新の受験資料を無料で配付

1/27(日)・2/16(土)
10:30～　10:30～
※校舎により日時が異なる場合がございます。

希望者には個別カウンセリングを実施

●入学案内・パンフレットの他にオリジナル教材等も配付致します。
●中高受験の概要についてもお話致します。これから受験を迎えられるご家庭の保護者の皆様にとっては、まさに情報満載の説明会です。お気軽にご参加ください。

2012年度 高校入試 合格実績

12年連続 全国No.1 早慶附属高（2次） 1494名合格！（7校定員約1720名）

5年連続 全国No.1 開成高 88名合格！（東大合格者数最多 定員100名）

4年連続 全国No.1 慶應女子高 78名合格！（女子私立最難関 定員100名）

全国No.1 筑駒高 20名合格！（首都圏最難関 定員約40名）

都立最難関 都立日比谷高 67名合格！

※No.1表記は2012年2月・3月当社調べ

全国No.1 中大杉並 182名	全国No.1 中大附属 157名	全国No.1 青山学院 85名
全国No.1 立教新座 337名	全国No.1 明大明治 118名	全国No.1 成　蹊 31名
全国No.1 渋谷幕張 109名	全国No.1 豊島岡 87名	全国No.1 ICU 61名

新規開校 早稲田アカデミー 湘南台校・戸田公園校 新入塾生受付中！

一流中学 高校受験 早稲田アカデミー

携帯サイトからも資料請求できます。